智慧校园
建设的方法研究

胡 钢◎著

中国原子能出版社
China Atomic Energy Press

图书在版编目（CIP）数据

智慧校园建设的方法研究 / 胡钢著 . –– 北京：中国原子能出版社 , 2022.12

ISBN 978-7-5221-2571-8

Ⅰ . ①智… Ⅱ . ①胡… Ⅲ . ①信息技术—应用—学校管理—方法研究 Ⅳ . ① G47-39

中国版本图书馆 CIP 数据核字 (2022) 第 241637 号

智慧校园建设的方法研究

出版发行	中国原子能出版社（北京市海淀区阜成路 43 号 100048）	
责任编辑	马世玉	
责任印制	赵　明	
印　　刷	北京天恒嘉业印刷有限公司	
经　　销	全国新华书店	
开　　本	787mm×1092mm　1/16	
印　　张	10	
字　　数	201 千字	
版　　次	2022 年 12 月第 1 版　　2022 年 12 月第 1 次印刷	
书　　号	ISBN 978-7-5221-2571-8	**定　价** 76.00 元

前　言

　　智慧校园是指以物联网、云计算、大数据分析等新技术为核心技术，提供智慧化、数据化、网络化、协作一体化的教学、科研、管理和生活等各类服务，可以促进信息技术与教育教学有效深度融合，提高学生学习效率，最终实现智慧化教学和管理的校园模式。本书探讨了智慧校园的建设、智慧校园的架构设计以及智慧校园的应用场景，可为智慧校园建设提供参考。

　　智慧校园建设是一项综合性、系统性、创新性的工程，是技术与管理互相结合的项目，需要管理层统一规划，统一协调。由于智慧校园的建设牵涉面广，需要人力、物力、财力的支持，因此学校管理者应加强信息化意识和创新意识，加大建设资金投入，并广泛吸纳既懂信息技术，又掌握教学管理的人才，全面负责智慧校园建设，并充分听取师生和行政人员的意见，切实满足广大师生的需求，提高教学管理质量。

　　智慧教学是利用数字化、网络化、智能化和多媒体化的技术特点以及开放、共享、交互、协作的基本特征，将其应用在教学管理中，主要是以课堂在线直播的形式提供课程，并在线收集教学信息和学生学习信息，采用大数据挖掘的方法了解学生的学习情况，为更好的教学提供智慧支持。

　　课堂直播课对于网络技术的要求极高，即便使用光纤网络，依旧会造成直播有时延、卡顿等问题。而5G的零时延、高速率和建设成本更低的优势，刚好能够解决当前课堂直播的困境，从而打破课堂的时空界限，为用户提供更多优质的学习资源，也能够将教育资源很好地传送到偏远地区，将传统的线下教学课堂变为远程互动课堂。智慧课堂的出现极大地提高了学生学习的积极性和主动性，打破了传统课堂中的教学壁垒，使教学更具针对性与高效性，也提高了学生与教师的信息素养。

　　为了提升本书的学术性与严谨性，在撰写过程中，笔者参阅了大量的文献资料，引用了诸多专家学者的研究成果，因篇幅有限，不能一一列举，在此一并表示最诚挚的感谢。由于时间仓促，加之笔者水平有限，在撰写过程中难免出现不足的地方，希望各位读者不吝赐教，提出宝贵的意见，以便笔者在今后的学习中加以改进。

目录

第一章 智慧校园的理论研究

第一节 智慧校园建设总体架构

智慧校园体系其实就是指在校园进行整体建设中，将大脑运行的类似方式运用于校园日常管理工作之中。近些年我国社会发展速度不断加快，国家对于教育的重视程度不断提高，校园建设的相关问题更是受到社会的重视，因此如何建立智慧校园的总体构架是当前高校需要重视的问题。本节对于智慧校园的特征进行探究和分析，介绍了智慧校园总体架构的模型，进一步指出当前智慧校园的实际应用情况，希望可以推动我国智慧校园建设的发展。

现阶段我国科学技术发展速度不断加快，居民对于教育信息化有了更高的要求。当前我国校园逐步由传统校园向数字化校园、电子校园发展，正处于向智慧校园转变的重要阶段。而目前智慧校园主要是以互联网为基础，将大数据、云计算等技术作为关键性技术，形成校园的信息系统资源，为师生提供更全面、更详细以及更便利的智能化、便捷化的服务。

一、智慧校园的特征

（一）宽带网络互联高速泛在

在智慧校园进行建设时，对于移动互联网和物联网更加重视。移动互联网和物联网的建设可以为校园的广大师生，以及人与物之间形成全方位的互通，可以为师生提供更加便利、高速以及泛在的基础网络环境，使师生可以不受时间以及地点的限制，得到更加高效的服务。例如，通过智慧校园的建设，学生的上课方式更灵活，老师的教学计划安排更方便，学生可以利用移动互联网实现随时随地学习且根据自身需求自主安排学习时间和获取自己所需的内容。老师也可以利用互联网实现备课方式、教学计划的信息化，这不仅提高了备课效率，还提升了教学质量。更重要的是通过互联网、物联网的使用，学生吃饭再也不用排队了，去图书馆也不用占座位了，这不仅方便了学生，更提高了学生的学习、生活效率。

（二）智能环境感知实时全面

各种智能感应的技术，如光线、位置、温湿度以及压力等技术，在当前校园之中得到了广泛的使用，从而使工作人员可以实时获得更加全面、详细的监测信息，满足师生个性化的需求。例如，我国现阶段很多职业院校的物理、化学专业都需要建立专门的实验室，而有些实验室对于温度、湿度及光线的要求比较高，如果采用传统的实验室管理办法，不仅耗费大量的物力、人力，还会因为监测不准确而影响实验结果的准确性。通过智慧校园的建设，可以利用智能环境感知系统，实现科学、准确的监测，这对于高校实验室的建设与维护大有裨益。

（三）业务应用智能全面融合

当前在智慧校园的建设中，其信息化的架构有开放、协同以及整合的特征，从而充分地发挥其整体的效能。而目前选择使用智能融合技术，可以对大量的数据信息进行储存、计算以及分析，进一步使决策的支持能力得到提高，实现智能化、高效化，降低出现误差的概率。例如，随着当前素质教育的不断推进，中职教育的教学目标也不再单纯地仅限于为学生提供专业的知识，作为中职院校必须以提升学生的综合素养为导向，以培养我国社会主义现代化建设的合格人才为目标。这就对中职院校的教学模式提出了新的要求，新形势下中职院校不仅要做好学生的专业教育，还要做好学生的思想、就业指导工作，通过智慧校园的建设，学校可以通过学生的网页浏览记录，学生的微博、微信动态合理统计学生的思想状况和就业取向，通过大数据的合理分析为学生提供专业的指导。

（四）海量数据智能挖掘分析

在目前智慧校园之中会收集到大量的数据信息，而工作人员可以据此构建相应的数据模型。工作人员可以通过立体合理的分析以及科学的预测方式，将全面的数据信息进行融合，从而完成智能化的推理以及信息的挖掘和分析。例如，智慧校园以大数据为载体实现对教学、就业、学生全方位信息的整合，不仅可以通过完善的数据更好地分析当前学校面临的问题，提出科学的解决措施，还能提升教学质量，更好地服务学生。

（五）智能服务友好，个性化便利

在我国高校之中实现智慧校园系统会更加强调个性化的服务理念，使其可以针对不同类型的用户，提供专属的功能，从而满足用户不同的侧重需求。另外，智慧校园可以为广大师生提供更加友好的服务界面,使其得到更加便捷化、个性化的服务。例如,高校每个学生的学习基础和学习能力不同,他们所需要的教学内容和希望学校对其提供的服务也不一样。中职院校通过大数据的建设,可以全面地收集学生的个人信息,且根据学生的日常搜索记录,通过智能数据分析,为学生筛选有效信息,满足学生个性化的需求。此外,中职院校的老师面对的学生可能是一个班级或者多个班级,这些班级虽然是同一专业,但是需求却不一样,有的班级可能需要深入研究,而有的班级只需掌握基础知识即可。通过智慧校园的建设,老师可以科学分析不同班级或者同一班级不同学生的需求,从而制订个性化的教学计划,满足不同班级、不同学生的需求。

二、智慧校园总体架构的模型

数据分析模块:

学生行为分析。现阶段,绝大多数的高校都会为学生设置相应的校园卡。而工作人员通过对于学生消费数据进行分析,可以全面了解学生的消费习惯。例如,可以通过对于学生在食堂的消费数据进行分析,找到学生用餐的高峰时间和低谷时间,从而可以使食堂的工作人员提前做好相应的准备;或者工作人员对于学生每个月的实际消费情况进行分析了解,可以为之后进行贫困助学金发放提供数据理论依据,实现贫困助学金发放的科学化、公平化。

图书资源分析。作为当前校园之中最为重要并且核心的资源,图书馆在高校起着十分重要的作用。图书馆的图书资源主要由纸质图书和电子资源两部分构成。工作人员可以通过对于学生借阅信息进行分析,了解学生对于不同类别图书的需求数量,为之后学校进行图书购买提供相应的数据理论指导。同理,工作人员可以通过对于学生电子资源下载的情况分析,了解学生的实际需求,从而在购买电子资料时,可以更加符合学生个人的实际需求。

三、当前智慧校园的实际应用

(一) 智能教学管理系统

当前通过利用智能化考勤,学生在上课时可以利用具有电子信息的校园卡,通过刷卡进入教室。在教室之中的读卡器上,会收集到学生自身刷卡的记录,并将收集到的信息数据发送到教学管理系统上。除此之外,智能化考勤还可以进行数据的自动更新,之后传输到后台考勤数据库之中,使教师可以更加便利和快捷地查阅到学生的实际出勤情况,从而更好地制定学生管理制度,提升班级管理水平。

（二）智能资产管理系统

随着我国经济的发展，校园教学设备也在不断增加与完善，这就对校园资产管理提出了一定的挑战。通过智能资产管理系统的建设，工作人员可以为新采购的资产设备进行相应的设计，并且生成具有针对性的二维码，在资产设备上进行粘贴。之后工作人员在智慧校园系统之中，将设备相应的资产信息进行编写导入，完成资产登记工作。工作人员在之后使用时，只需要使用智能手机或者二维码扫描设备，对于资产进行相应的扫描之后，在有互联网的情况下，便可以直接跳转到工作人员的制定页面，显示设备的资产信息，使工作人员可以详细、及时地了解设备目前的使用情况，从而更好地制定校园资产管理措施，更好地为教学做好服务。

（三）人事管理系统

目前高校中的人事管理系统的主要功能为人力资源信息管理，依据当前高校智慧校园对于人事管理信息化的实际需求，开展相应的管理工作。

人事管理系统分为以下四个模块：①组织机构管理模块，最主要的便是对学校行政单位组织结构进行维护和管理。对于行政单位的代码以及名称等信息进行维护的同时，也需要对各行政单位的级别以及层次等进行相应的维护。②招聘管理模块，主要对年度的招聘计划进行实现，完成招聘岗位信息的审核以及维护，对招聘信息进行统计分析处理。③新进人员信息管理模块，主要是对于新进人员进行账号分配，录入新进人员的相关信息，并且对其进行信息审核等。④教职工信息管理模块，其主要的工作内容为对于教职工的基本信息、扩展信息，以及权限设置进行改善，完成信息维护以及审核操作。

（四）办公协同 OA 系统

现阶段我国高校的办公协同 OA（office automation，办公自动化）系统即通过互联网提高学校各部门之间的系统办公效率，使它们可以高效地完成协同工作，实现学校日常管理的全面电子化，替代传统低效率的办公方式；并且在降低成本的同时，也提升了学校管理以及信息化的应用水平。一般情况下，高校办公自动化会具备文字、数据以及语音和图像处理的功能。而根据所处理的业务来说，办公协同 OA 系统主要由公文管理、日常办公以及公共资源等模块所构成。其中，日常办公即对于高校之中内部的日常办公系统进行处理，如已办工作、待办工作以及资料报送等；而公文管理有收发文件管理、会议纪要等模块；公共资源则有规章制度、工作交流和资料下载等内容。因此，教师通过利用办公协同 OA 系统可以更快地对于学校规章制度进行了解，提高办公效率。

（五）智慧教室系统

实现智慧教室系统，其最主要的目的是给师生提供更加人性化以及智能化的环境。目前使用智慧教室系统不仅能够实现灵活布局教室空间，使桌椅更加符合人体的工程学原理，还由于智慧教室具有网络感知以及科学管理的作用，可以优化教学内容，并将课堂的教学内容进行详细的记录。

（六）教务信息系统

当前教务信息系统主要的模块有学生管理、师资管理以及教学计划管理等，在高校教学过程之中始终贯穿于各环节。当前教务管理系统可以利用数据库的技术，借助服务器以及互联网，对于数据信息完成统一的存储管理。而系统之中的每一个模块都可以和其他的模块通过互联网进行相应的沟通，从而使信息交流的渠道得以缩短，有效地减少管理环节，使部门独立情况有所弱化；与此同时还会增强教务处和二级学校之间的协作，实现工作效率的提升；进一步实现校园管理的信息化以及智能化，实现资源的节约。

目前我国在进行智慧校园建设时，将互联网技术和大数据技术相结合，其主要的优势体现在：第一，能够实现比数字化校园更高的智能化校园建设，满足广大师生的个性化的需求；第二，和资源进行结合，可以实现人力、物力成本的节约，从而使学校可以实现信息化建设，达到高效化以及低碳化的效果。虽然当前我国智慧校园建设还存在较多的问题，但是随着科学技术的进一步提高，智慧校园的建设也在不断地完善与改进，以期早日实现智能化、信息化以及节约化。

第二节　智慧校园建设方案与实现

加快智慧校园建设是有效适应教育现代化和信息化的实际需要，可以更好地实现学校在教学、管理、科研以及生活服务等方面的高效运行，也是促进学校教育迈上新台阶、实现新发展的必要条件之一。本节拟就智慧校园的一般建设方案及实现进行梳理和分析，期望为当前及今后学校建设智慧校园提供有益借鉴。

近年来，各级政府及教育部门不断加大学校教育信息化的建设力度，全国教育信息化建设取得初步进展，但与此同时各地在推进教育信息化和数字化建设的过程中也存在着重建设、轻应用等客观问题。因此，为进一步推进教育信息化发展步伐，促进现代信息技术与各级教育教学的紧密融合，必须进一步加快智慧校园建设，而这就必须要考虑智慧校园的实际建设方案与具体实现。

一、智慧校园建设过程中存在的共性问题

智慧校园建设的主要目的在于打造以自主学习、个性化学习为主要特征的智慧教学以及基于互联网、大数据的智慧管理，通过打造更高标准的数字化校园，创造良好的教学氛围和信息化氛围，着力引领广大师生发展和成长，提高学校教育教学质量以及信息化管理水平。近几年，随着全国各地各项政策措施的逐步落地，各地在智慧校园的建设过程中已经积累了不少有益经验，各地智慧校园的建设工作也取得初步成效。但与此同时也存在着一些共性问题，如智慧校园建设的系统性规划有待增强、信息管理专业人才短缺、基础设施建设滞后、信息化管理水平亟待提高等，还需要在今后的建设实践中进一步予以妥善解决。

二、智慧校园建设的实施方案与实现分析

智慧校园建设是一项系统性工程，既必须做好宏观规划，力求智慧校园建设的前瞻性，又必须立足于当地教育实际、着眼于未来，突出当地智慧校园建设的亮点和特色。一般而言，智慧校园建设的实施方案中应至少包含以下几个方面的内容。

（一）指导思想

智慧校园建设应主要以近几年国家、省、市等有关教育信息化发展方面的规划纲要及相关政策为指导，在具体的建设过程中要坚持以统筹规划、分步实施、整体推进、突出重点、优化应用、资源共享为原则，着力打造适宜本校、富有特色的数字化校园、智慧校园，着力推动学校教育教学及管理工作的数字化发展，为全面提升育人质量奠定坚实基础。

（二）具体措施

1.搭建标准统一、种类多样的资源管理平台

智慧校园建设的核心要素是搭建各类服务于师生教学的平台设施，要着力在校本资源库、学校数字化图书馆以及数字化实验室建设等方面下功夫，加快学校各学科专业的数字化改造，实现学校在信息档案、课件、试题、精品课程打造等方面的数字化、信息化和网络化，为学生改进学习方式方法，进一步提高学习效率创造良好条件。

2.建设功能丰富、强大的公共信息管理系统

学校中各种公共信息十分庞杂，为实现对各类公共信息的有效管理和共享使用，必须要借助于智慧校园建设来建设功能强大的公共信息管理系统，努力提高学校教育管理的效率。一方面要创造条件开发功能更趋多样的管理信息综合系统，以信息化为抓手来改造和优化学校各项管理工作，如建立教务管理模块、教职工管理模块、学生

学籍管理及成绩管理模块、综合素质评价模块等，并逐步实现各个模块和平台的统一身份证制度，实现跨部门的信息协同和共享。另一方面要加快完善校园"一卡通"工作，包括门禁系统、食堂管理系统、图书馆管理系统、后勤服务管理系统等各个方面的内容，有效实现"一卡通"与学校其他部门系统的无缝衔接。

3. 借助智慧校园建设实现教育教学的个性化、信息化

智慧校园建设最终是服务于学校的教育教学工作的，因此在智慧校园的建设方案编制过程中，必须始终将教育教学工作置于重要位置。要加快借助于智慧校园建设来推动教育教学工作与信息化紧密融合，有效满足学生日益个性化、自主化的学习需要，就需要着力推进以学生为中心的信息化教学平台建设，推动各类教学平台与数字图书馆、数字实验室等资源库的整合，为学生提供更为有效的网络化学习环境。

（三）保障措施

智慧校园建设离不开相应的保障措施。在推动智慧校园建设的过程中，学校必须要做好相应的后勤保障工作：首先必须要加大智慧校园的宣传力度，转变师生观念，努力为智慧校园建设的推进实施提供思想保障，要让全体教职工充分认识到智慧校园建设的重要性和紧迫性，使他们进一步提高认识、转变观念，以自身实际行动配合好智慧校园的建设工作。其次要精心组织，加强领导和管理，保障队伍建设，从组织保障、队伍保障以及完善管理制度等方面助力智慧校园建设稳步推进。

总之，创建智慧校园对各级教育来说既是机遇，又是挑战。各级学校要努力从自身实际情况出发，制定好智慧校园的实施方案，细化落实具体实施措施，努力推动智慧校园建设，同时也要加强领导和组织，充分调动起广大教职工参与智慧校园建设的主动性和积极性，更好地推进智慧校园落地发展，真正实现其为师生服务、为学校育人服务的目标。

第三节　人本主义理念与智慧校园

进入 21 世纪以来，在信息化和全球化的浪潮中，学习创新和教育改革在不断地把传统学校变为数字化"学习中心"——智慧校园，目标是通过智慧设备来培养高效的学习能力，进而锻炼学习者的创新思维和能力。

当前智慧校园的建设已经取得了很大的进展，无论是在模式上还是功能特点上都已形成一个范式。但目前智慧校园的构建主要是从技术层面上进行完善的，极少从人的层面进行设计和规划，使得智慧校园的理念总体偏"技术"，而"以人为本"的理念体现得不明显。本节基于人本主义的理念，从人的角度对智慧校园的构建提出一些要求，进而丰富智慧校园模式中的内涵和文化。

一、人本主义及其教育观

（一）人本主义

人本主义起源于古罗马和古希腊的理性人本主义，从"唯神论"转向强调人的存在和人的价值。20 世纪后期，马斯洛把人本主义引向心理学，创立了人本主义心理学的理论观点，而罗杰斯则进一步完善和丰富了该理论。在人本主义心理学中，其教育观强调尊重学习者的本性，注重课程的人本化，强调教学中人际关系的发展以及人的自我实现，旨在培养学生成为独立的、身心和谐统一发展的人。

1. 以人为本

以人为本是人本主义教育观最为核心的内容，其主张教育要坚持以人为出发点、以人为动力、以人为目的，要按照人的本性来展开。学校教育不应该只关注知识的传播，还应该关注学习者在学习过程中关于兴趣、动机、潜能、创造、思维等内在能力的培养，从而将学习者培养为身心和谐发展的人。

2. 人本主义教育目的观

在人本主义理论中，教育的宗旨是关照人的终极成长，促进人的"自我实现"，从而培养"完整人格"。因此，人本主义教学思想关注的不仅是认知的发展，更是人的整体发展，注重对学生内在心理世界的了解，以顺应学生的兴趣、需要、经验以及个性差异，进而达到情感、精神和价值观念的和谐统一。

3. 人本主义教学过程观

人本主义教育者认为，教学过程是学生成长的过程，教师应让学生成为教学过程的主体，而自己应是协助者和学习伙伴。人本主义教育理论重视对学生学习的解放，反对压抑学生的好奇心和潜能，认为教师的主要作用是帮助学生创设一种适宜的学习环境，从而使学生积极主动地完成学习任务。

由此可见，人本主义心理学的教育观有助于了解人的学习的主要特点，有助于把握智慧校园构建的走向。

（二）智慧校园内涵分析

在理论研究方面，不同学者从多个角度对智慧校园的内涵进行了不同解读。有学者从信息技术的重要性来看，如祝智庭认为智慧校园是以适当的信息技术和学习的工具、资源、活动为支撑，科学分析和挖掘全面感知的学习情境信息或者学习数据，以识别学习者特性和学习情境，灵活生成最佳适配的学习任务和活动，引导和帮助学习者进行正确决策，有效促进学习者学习能力的发展。还有学者强调物联网的技术作用，如陈平认为，智慧校园是通过智慧化的信息手段实现具有智慧、人文、安全、稳定、环保、节能等特点的智慧化的教学、科研、管理、生活。

从当前智慧校园的研究情况来分析，众多学者认为智慧校园应具备以下五个功能：环境全面感知；网络无缝互通；海量数据支撑；开发学习环境；师生个性服务。

结合人本主义的思想和理念，智慧校园是运用信息技术架构一个智能化的学习环境，以尊重学习者的个体差异为前提，充分利用各种学习工具、资源等学习辅助材料，帮助学习者掌握知识和提高学习效率，从而达到自我实现的目的。

二、人本主义理念下的智慧校园问题

（一）数字化设备应用率低

如今，计算机、互联网和各种软硬件设施已经大举进入学校，但这些信息技术对教育的影响与金融、工业等领域相比较显得稍逊一筹。其原因有很多，但是实质原因是传统的学习方式并没有改变。数字化设备利用率低是智慧校园中的一个重要问题，智慧校园中有着各种智能化的教学设备，设备使用的复杂度越高，则教师的使用率就越低，因而会造成大量的资源浪费。

（二）程序教学模式限制学生的思维发展

由于智能化程度没有达到理想的状态，终端设备学习辅助性软件和材料的教学模式采用的是"小步骤"的程序教学模式。程序教学把学习内容分成若干个小问题，系统排列起来，通过编好程序的教材或特制的教学机器，逐步提出问题，回答问题，回答完问题后立即反馈学习结果。如果回答正确，得到强化进入下一问题；如果回答错误，再补充程序，直到掌握为止。

该教学模式的弊端就是限制了学习者的思维发展，把学习者限定在某一个知识点中，无法调动学习者的积极性。除此以外，学习者存在个性差异，若都接受同一个程序，无法体现出"以人为本""因材施教"等教学要求。

（三）以学为主的教学模式应用不够广泛和深入

在人本主义的教学观中，学习者自主学习是教学过程的重点，教师起到的是协助者和引导者的作用。在自主学习过程中，学习者以学习目标和学习内容为依据，结合自身发展需要，选择学习内容、策略与方法。因此，掌握并有效利用信息技术工具，创设个性化的学习环境和学习资源，开展高效的学习活动是对教师教学能力提出的一个新的要求。然而无论是智慧校园还是数字校园，以学为主的教学模式还处于起步探索阶段，学习情境创设和教学流程设计的能力还在不断地提升中，所以当前以学为主的教学模式的应用还不够广泛和深入。

三、人本主义理念下的智慧校园构建新路径

（一）融入促进个性化教育的新技术

智慧校园是以技术为载体，通过变革教学方式和学习方式，引领个性化教育的新方向。在智慧校园中，应该融入有助于促进教学效果的技术，为教学过程提供个性化服务功能，如对学习者能力进行评估、记录学习者的学习行为、推送学习方式等个性化服务。目前，大数据技术突破了传统的对教育信息收集的局限性，实现了对海量数据的全方位记录和掌握，包括学生的家庭背景、学生的学习情况、教师的素质等，有助于教育决策者及时发现问题和解决问题，针对学生进行精准化评判并做出科学化的决策。由此可知，实现教育的个性化需要大数据、人工智能、深度计算等技术的支撑，才可以构建一个理想化程度较高的智慧校园。

（二）尊重学习者个性差异

智慧校园的目的是实现个性化教育，人本主义理论中"以人为本"的教学理念应是其核心思想，而以人为本的重点内容则是尊重学习者的个性差异。世界上没有两个完全相同的学习者，每个学习者都有自己独特的个性，符合学习者个性的学习才是最高效的学习。

长期以来，学校教育目标并未真正实现从知识性教育向人的全面发展的转变。在这种课堂教学中，教师为了学习进度，往往很难注意到学习者的个性差异，也就未能做到因材施教，这种做法扼杀了学习者潜在的创造力，难以取得理想的教学效果。教师在教学的过程中应研究学习者的个性差异，帮助其了解自己的学习个性，找到最适合自己的个性化学习方式，从而实现自我超越。

（三）激发学习动机

马斯洛认为，个体成长发展的内在力量是动机。在行为科学中，以"需求层次论"为理论基石，人的学习动力可以划分为求知欲望、兴趣爱好、价值期望、价值实现、自我超越五个层次。最底层的学习动力是人的求知欲望，当今学校教育的各个层次都在不断提出新的教学模式，开始对情境式教学、项目式教学、合作式教学等模式进行探索和应用，其实根本上都是为了调动学习者的求知欲望。

第二层次的学习动力为兴趣爱好。兴趣是最好的老师，在课堂上拓展学生的视野，使其眼界开阔，对于培养学习兴趣有着极大的帮助。第三层次的学习动力来自于价值期望，所学知识对于人生的价值、对于社会的价值是指引人类学习的一个重要动力。第四层次的学习动力是价值实现，学习者在学习后获得知识、技能以及收获的满足感、成就感是促使其进一步深入学习的一动力。第五层次的学习动力是自我超越，这是更

高层次的成就感，通过学习认识了一个新的自我，寻找到了人生的方向、意义、价值，从而获得超越自我的成就。

理想的智慧校园不仅应该具备各种先进的教学、学习、管理等硬件设施，还应该具备一个有利于发挥智慧校园功能的软性环境，体现出以人为本的教学理念。

第四节　智慧校园构建策略

我国现在已进入智能时代，智慧校园已经成为当今教育发展的主要趋势。智慧校园的理念、空间要素、总体框架有许多细节内容，因此教师要不断思考如何将先进的教育技术变成学生发展的生长点，如何在工作中借鉴企业文化，如何从现实发展中总结未来需求的人才特质，反思人才的培养目标，设计和改进自己的教育教学。

我国已进入智能时代，互联网、人工智能、大数据等信息技术正在更多地应用在教学中，其通过推动教育教学改革，为教育发展提供力量。

我们学校是一所九年一贯制学校，"智慧校园"系统已进入我校。教师们在教学过程中，刚开始是抱着试一试、比较好奇的心态进行教学的，通过青年教师的"智能讲课"竞赛，我校教师已经基本上掌握了智慧课堂教学。

一、智慧课堂教学中存在的问题

（一）落实不到位

学生一进入校园，就已经进入了智能校园。家长会通过 App 得知学生进校的时间以及离校的时间。但是，由于学生刷卡不够及时，所以导致家长不能第一时间掌握学生到校的准确时间。另外，由于家长现在关注的信息比较多，对于我们的焦点 App 关注得不是很及时，所以无法得知学校最新的通告、新闻等，家校合作的功能没能更好地体现出来。家长来访时，由于教师上课或有事，无法在约定的时间内与家长及时见面，所以导致预约失败，家长不能顺利进入校园。

（二）教学理念亟待转变

年轻教师上课时能熟练地运用我们的校园智能系统，而中年教师却不愿使用该系统，一直沿用以前的教学模式，所以教学效果一般，从而影响了教学目标的完成。

（三）教师缺少自己的教学风格

现在的年轻教师能够非常熟练地运用智慧校园系统，上课的时候经常使用 PPT。

但是，教师并不是从学生的实际出发来制作PPT，而是运用现成的PPT。这就使得虽然学生上课的主动意识在增强，但是只是有形而无神，师生互动、生生互动比较少。

（四）缺乏先进的管理

一所学校的正常运转不是靠某一个人能够完成的，它需要各方面的统筹配合。但是目前存在的问题是：各部门各行其是，教师只抓教学，其他事情不关注；主管行政每天被繁杂的行政事务所缠身，无暇顾及教学。正常的情况下，学校的工作还能正常运转，但是一旦出了问题，就自顾不暇，互相推诿。

（五）没有吃透"智慧校园"的精髓

为什么叫智慧校园，只是听了相关业内人士的介绍，通过工作当中的接触，就完成了对智慧校园的理解，这是不深刻的。带着这样的想法去工作，时间一长势必就会背离智慧校园的初衷。

二、完善智慧课堂的策略

（一）学习他人的经验

2018年7月下旬，我校组织全体教师赴南京师范大学学习。通过这样的方式让教师及时了解最新的教育前沿信息，并反观我们的教育，引起了教师们深深的反思：作为中学教师，我们应该如何调整今天的教育教学观念？需要怎样安排教学目标、教学评价的设计，才能培养出能够适应未来社会需要的人才？我们意识到必须更新理念，创设互动、开放的课堂，培养学生的理性思维能力，勇于探究、善于反思的习惯以及提出问题、解决问题的能力。同时，我们还意识到教育要以学生为中心，要想培养更优秀的人，教师首先要争取优秀，要寻求创新，努力提升自己，跟上时代的步伐，跟上学生的需要，尽量为学生提供更大的平台。

在现场参观环节，老师们在焦点工作人员的引导和讲解下，认真了解焦点的发展战略和企业文化，在企业管理中"坚持自我批判""坚持文化引领"等思想深深打动了老师们。同时，老师们零距离接触"云技术"等前沿技术，体验最新视频教学系统，并对智慧城市、智慧政务、学生学情分析、更新的智慧系统进行了通识培训，提醒老师们要不断思考，如何将先进的教育技术变成学生发展的生长点。

（二）服务师生，与时俱进

要具有忧患意识、服务意识，若不进取，必遭淘汰；要具有团队意识，只有合作，才能共赢；要具有开拓意识，像焦点人一样，能够敢为人先，在未知领域乘风破浪。有了先进的教学系统，我们就开始着力提升教师的教育教学水平。我们会定期以各种形式选派不同专业的教师参加各自的专业培训。这样理念提升了，系统完善了，教育教学质量也就提升了。

（三）集教师能力特点，提升学生的综合能力

我们把培养学生综合能力作为我们学校发展的目标，充分利用先进的教学系统，发挥教师自身的特长；推行"走班制"的第二课堂教学服务；"益智课堂""思维导图的训练"等多种授课模式大大激发了学生的学习热情，这都有益于"智慧校园"系统的完善。

（四）利用信息化的力量，推动书香校园文化建设

校园文化建设是一所学校的魅力和综合办学能力的体现，也是数字校园建设的软环境。利用信息技术可以丰富校园文化建设的内容，增强校园文化建设的辐射性，推动校园文化建设不断发展、完善。

（五）充分发挥电子班牌宣传主阵地的作用

依托云平台部署，帮助教师便捷、及时地展示班级风采，营造轻松、个性的班级氛围，真正实现"一班一品牌，班班有特色"。家长通过云班牌移动端可轻松获知学校公告和孩子在校情况，还可通过亲情留言功能随时向学生发送留言，实现高效、便捷的家校沟通。

（六）保障措施要及时到位

我们希望校园网络有全面、安全的保障，防止因教学资料外泄或者丢失而造成严重的教学事故。校园部署的无线网络必须从多方面考虑用户的体验性，不仅需要在上网过程中提供稳定、快速的互联网访问服务，还要保障教师、学生使用无线网络上网时不掉线、不卡顿，满足日常上网需要。学校在推动信息化建设过程中，急需简化网络结构，最大程度降低建设成本、运维成本；立足"教师、教学"，围绕"效率、成效"，为教师提供常态化的教学应用工具及数字化环境硬件设备；以统一账号体系为基础，从教室延伸到校园区域，实现数字校园建设的应用场景全覆盖。

（七）实现真正意义上的"智慧校园"

智慧校园的确为我们的师生、教学带来了很多的便利。教育部办公厅印发《2019年教育信息化和网络安全工作要点》提出开展校园 App 专项调研。而我们的校园 App 从来不推送各种商业广告以及学生的排名情况，也不会给家长留作业。在推进"智慧校园"建设时，回到以师生为中心的正轨，才是我们目前必须要做的。在智慧校园的建设中，要实施以开放、融合、创新为主要载体的智慧教学和基于互联网、大数据的

智慧管理，以引领教师发展，促进学生成长，提高教学质量。

要想成为一所智慧校园，不仅要安装智慧系统，更重要的是将智慧系统变成自身的一个品牌，从而实现一校一品牌、一校一特色。

第五节 智慧校园应用前景

智慧校园是信息化发展的新阶段。在从数字校园到智慧校园的建设过程中，加强智慧校园的顶层设计，构建智慧校园建设的通用架构模型具有十分重要的意义。本节对智慧校园的基本特征和发展目标进行了分析，然后探讨通过云计算、物联网、大数据三方面技术来实现智慧校园的建设，为智慧校园的示范推广应用提供参考。

随着智慧地球、智慧教学理念的提出，以及网络、云端计算等先进计算机科学技术的普及和应用，校园信息化建设正朝着更为先进智能的"智慧校园"迈进。

一、智慧校园的基本特征

智慧校园有三个基本特征：一是为广大师生提供基于角色的个性化定制服务平台和一个全面的智能感知环境、信息综合服务平台；二是将基于互联网的信息服务融入学校各个服务领域；三是通过智能感知环境和综合信息服务平台，为学校教育与外部世界提供一个相互交流学习的窗口。

二、智慧校园的发展目标

高校信息化是以实现学校的教育内容与方法现代化为目标的，可以促进创新人才的培养及科研组织和社会服务模式的创新，全面提高教育水平。因此，智慧校园的发展目标就是要支撑高校四项基本职能与管理服务的改革创新。

（一）培养智慧型人才

为当今社会培养符合时代发展的智慧型人才是高校的重要任务。近年来，移动互联网日益普及，大数据技术延伸到很多学科和领域，智慧型人才培养模式必将逐步成为主流。

在智慧校园中，依托知识管理、校园社交网络、在线教育等互联网平台的支撑，教师备课不再受时间、空间和个人知识孤岛的约束；学生也不再依赖于传统的课本学习和课堂上的被动灌输；教学评价也是基于师生教学互动和学生学习过程的大数据开展的，不再是纯粹的主观打分；因材施教和个性化人才培养模式成为主流。

（二）智慧型科学研究

科学研究的信息化支撑的数字校园不过是简单的资料搜索与数字图书文献的提供，而智慧校园的建设将改变这种状况。智慧校园将能在课题申报、科学研究、项目结题等环节发挥巨大作用。各种智能设备可以在线使用，并能够智能感知、自动收集各种数据。此外，在结题阶段，智慧校园还能够帮助研究人员对课题研究过程中的各种数据进行及时到位的统计分析，从而提高结题的效率与质量。

（三）智慧型社会服务

高校承载着社会服务这项非常重要的职能，这也是信息化能够大显身手的地方。高校作为一个先进知识的汇聚之地，其社会服务职能大都是基于知识，而互联网技术对于跨越时间和空间的知识传播具有天生的优势。因此，更好地支撑高校社会服务的职能也是智慧校园的发展目标之一，可从三个方面推进：①积极利用信息化手段，推进产学研结合，加快科研成果转化；②依托信息技术，提高大众的科学人文素质，推动学习型社会建设；③利用高校积累的海量数据资源和大数据分析等优势，深入开展政策研究，为国家和地方各级政府的科学决策、民主决策做贡献。

（四）智慧型文化传承创新

近年来受到各方面重视的高校第四大职能就是社会文化的传承创新。在当前互联网十分发达的情况下，最具挑战性的问题是如何推动文化传承与创新。对于高校智慧校园来说，可从两个方面来推动：①校园网上虚拟社区的吸引力不可小觑，可以建立合适的平台，加强学生思想与文化交流；②充分利用在线传播平台，建立国际汉语教学体系，让中文教育变得国际化，促进跨文化教育交流，使高校具有更强的社会文化宣传能力，更好地展示我国高等教育发展成果。

（五）管理决策转向智慧型

数字校园使高校日常管理信息化问题得以解决，但由于各部门信息相互孤立、数据不共享，导致管理流程不协调。因此，整合大学资源的管理和调度，为学校的生活、管理、教育等方面提供人、财、物管理的整合统一就成了智慧校园势在必行的任务。其具体可从三个方面进行：①深入广泛的信息化支撑和协同的校务管理支持，实现各个小部门业务协同；②将师生个人信息、学校各级管理部门间业务协作信息等有效结合起来，快速地为师生提供全方位的信息服务；③高校的成功离不开科学的决策支持，科学的决策离不开对数据的有效分析，只有将各个部门的各类信息进行科学的分级分类，得到全面完整的信息报表，高校管理部门才能做出更好的决策。

（六）生活服务转向智慧型

由数字校园到智慧校园的转变在生活服务方面主要可从以下两个方面进行：①更好的服务师生是高校生活服务的宗旨，要积极整合校内各种生活资源，拓展校外生活资源，为广大师生提供优质、满意的信息化生活服务；②利用互联网技术和智能感知技术，为后勤部门提供强大的支撑，使校园后勤管理与服务信息化有机结合起来，提高后勤服务能力与水平。

三、建设智慧校园的关键技术

（一）智慧校园建设离不开云计算的应用

云计算的功能是智慧校园建立的基础及核心。它能使学生通过实验提高自主操作能力、获取新知识，同时利用资源共享与远程桌面的方法，为师生提供访问云平台的客户端系统，利于师生徜徉在知识的海洋。在这里，他们不仅可以拥有一个属于自己的虚拟实验室，更能相互交流，独立却不孤立。

（二）智慧校园建设离不开物联网的应用

物联网的作用主要表现在三个方面：校园生活、教学管理、安全防卫。智能宿舍管理、智能食堂管理为校园生活智慧化的主要方面；教学方面主要为智慧图书馆、智慧课程等；而在安全防卫方面提供技术支持，将安全系统渗透到校园生活的各个方面，通过报警及监控系统能够使安全隐患早发现、早处理，确保校内和平安定。

（三）智慧校园建设离不开大数据的应用

对海量数据进行存储和分析是大数据的核心价值。通过对大数据的组织与建模，挖掘其价值所在，通过智慧校园的大数据处理来实现其价值正是智慧校园的精髓。采集和存储的基础设施、公共数据交换平台、智能数据分析系统等的建设都离不开大数据。它可以给学校管理工作注入新的活力，即管理不仅仅凭借经验，更有强大的数据管理作为基础。

目前，智慧校园正以其全新的姿态悄然进入高校管理人员的视野。作为一个新兴事物，其建设还处在起步阶段，要实现真正意义上的"智慧校园"，将是一个漫长的过程。但校园智慧化是高校发展的必然趋势，尽管前方等待我们的还有许多难解的问题，但随着科技和社会的进步，一切问题都将迎刃而解。智慧校园系统一定会在高校、社会、政府三者的统筹规划和通力合作下早日实现其建设，发挥其魅力，给高校提供最便利、快捷、贴心的服务。

第六节 智慧校园个性化信息服务

个性化信息服务是智慧校园实现的主要功能。本节分析了智慧校园实现个性化信息服务的主要原因，介绍了智慧校园个性化信息服务的主要内容——向用户提供准确与权威的个性化信息、为学员建构个性化学习模式、为教员个性化的教学方式创造条件，提出了实现个性化信息服务的主要措施以及需要注意的问题。

智慧校园是指综合运用云计算、大数据、物联网、移动互联、人工智能等先进信息技术，构建物理空间和信息空间有机衔接的院校教育环境，通过智能化的感知、控制、管理、互动反馈、数据分析和多维全景展现等手段，逐步实现育人过程智慧化、管理过程智能化、服务过程精细化，为院校教学科研水平和人才培养质量的全面提升提供有力支撑。个性化信息服务是对各种信息进行收集、加工和整理，向用户提供和推荐相关信息，以满足用户需求的一种信息服务方式。智慧校园服务过程精细化最重要的内容是实现个性化信息服务。

一、智慧校园为什么要实现个性化信息服务

（一）数字校园无法满足用户使用需求

各院校的数字校园经过多年建设发展，在基础设施、管理保障和信息资源等方面取得了一批成果，但是还存在缺乏顶层规划、数据融合能力不足、保障支撑教学改革不突出、教员与学员获得感不强等问题，主要表现是信息的共享交换机制不健全、信息传递渠道不畅通、信息需求和信息服务存在较大差距、信息服务层次不高。以上这些都决定了数字校园所提供的信息服务远远满足不了用户使用需求，距离个性化信息服务还有较大差距。

（二）广大师生对个性化信息服务有较大期待

随着广大师生信息素养的提高和互联网的普及，他们的信息获取能力、筛选能力等都有较大提升。由于互联网不断更新模型建构、后台算法，其在服务内容、服务模式、服务策略和服务能力等方面都有极大发展，同时在信息获取的快捷性、信息的全面性和准确性、信息服务的持续性、信息服务的个性化等方面都有极好的使用体验。院校现有的网络信息服务与互联网之间存在明显的"代差"，用户体验远不能满足实际需求，个性化信息服务已经成为广大师生的迫切要求。

（三） 智慧校园为个性化信息服务提供技术支撑

智慧校园建设总体架构采用云计算架构部署，为个性化服务提供了强有力的技术支撑。基础设施层为数据资源和业务应用提供基础支撑，数据资源层为各类业务应用提供数据服务支撑，业务支撑层为各类业务应用提供数据挖掘分析、通用智能服务和一站式服务等，应用服务层以专题式和个性化服务方式为用户提供广泛的服务。数据交换和共享平台为信息服务提供数据资源支持，利用平台提供的可视化的流程构件，可以轻松获取自己所需要的信息，使个性化信息服务能力大幅度提升。

二、 智慧校园个性化信息服务的主要内容

（一） 向用户提供准确、权威的个性化信息

智慧校园有统一的技术体制和数据标准，以及统一的服务开发与运行环境，还有健全的共享服务平台，可以将原有的教学训练、科研学术、政治工作、后勤保障等各种信息管理系统进行集成，将数据信息共享到数据中心。用户只要登录智慧校园，就会获得和自己相关的各类服务信息，而且数据来源的唯一性决定了数据的准确性和权威性。系统管理人员通过流程再造，根据用户需求重新构建表格样式，系统自动将已有信息填充到表格当中，用户只要补充有关数据就行了。经过授权，用户可以自己构建个性化的数据模型，了解自己的基本信息，分析、研究、应用服务信息，给自己"立体画像"。

（二） 为学员建构个性化学习模式

借助智慧校园大数据的支持，通过建立学习管理决策模型和算法，为学员达到学习目标提供科学、有效的学习模式。智慧课堂教学通过对学员学习行为的自动化记录，分析学习过程，评价学习效果。智慧校园为学员提供个性化的网络学习空间，个性化订制学习计划，实时跟踪记录、评估学习行为，智能化推送学习资源。根据学员知识掌握情况和作业完成情况，智慧校园会实时动态订制最优化的学习方案。在模拟仿真实验、模拟训练等实践教学中，智慧校园可智能分析跟踪训练效果，及时发现、纠正训练问题。贯穿学习全过程的学习绩效评估可帮助学员随时调整学习策略和学习方法。

（三） 为教员个性化的教学方式创造条件

在备课阶段，智慧课堂会根据教员所授课程，提供相应的信息媒体资源，推荐个性化信息媒体资源。在智慧课堂教学过程中，学员的学习过程信息会被记录，教员可以获取每个学员的课堂表现和互动情况，分析其知识掌握情况，及时调整教学策略、课程内容和课程进度。在训练和室外教学活动中，通过各类采集终端，教员可以实时

掌握学员课堂表现，实时分析评估训练效果，及时调整训练内容和方法。在大数据和智能技术的支持下，教员根据自己的个性特征和课程特点，可以寻找到适合课程的教学方法和教学策略，以及适合自己的个性化教学模式。

三、实现个性化信息服务的主要措施

（一）树立信息服务共享理念

院校信息化建设的一项重要指标是信息服务水平，而信息服务意识直接决定信息服务水平。在从数字校园到智慧校园的建设中，共享理念必须牢固树立起来，否则智慧校园建设就会走回数字校园的老路。其主要办法有：定期举办培训班，不断提高业务人员的信息化素养，提升其信息服务意识；重点加强对信息系统的开发集成，加大信息开放力度，转变信息服务方式；制定相应的信息服务规章制度，对信息服务内容、范围和方式等进行规范管理，推动信息服务标准化、专业化和个性化。

（二）建设好专业化数据处理平台

智慧校园要想获取精准化、个性化的信息服务，建设好专业化处理平台至关重要。数据交换和共享平台提供自动化管理工具，对数据进行格式转换、清洗、抽取和交换。以海量的教育资源数据处理为重点的大数据分析平台具备分析挖掘和智能化大数据服务等能力，经过人工智能处理，可为用户提供不同类型的信息。流程整合平台采用耦合方式整合工作流程，提供分析工具，实现系统的联通和业务规则的定义，为用户提供不同类型的个性化信息服务。服务整合平台将各类异构软件的信息和服务聚合，实现信息的无缝介入和集成。信息推送平台是智慧校园和用户间的快捷信息通道，各应用系统将信息发送至推送平台，为个性化信息服务创造条件。

（三）建立统一的信息服务平台

实现个性化信息服务需要开发一个界面友好、要素齐全、信息权威、功能完善的信息服务平台，为用户提供方便快捷的服务。通过数据交换和高度集成的方式，将所有信息系统的数据资源集中到"一站式"信息服务平台，根据不同用户提供不同层次、不同需求的高效智能化信息服务。通过"一站式"信息服务平台可以实现以下目标：用户使用方便快捷；提供方便的信息检索服务；信息服务数据具有唯一性、权威性；针对不同用户实现信息服务精确化、智能化；具有大数据分析功能，为用户提供信息参考，为管理决策提供支持。

四、智慧校园个性化信息服务应注意的问题

（一）设定用户访问权限

智慧校园建立统一的用户账户体系，准确记录所有用户身份基本信息，并按照用户的类别明确基本角色。业务系统中设立的机构账户应当关联到实际用户账户。智慧校园信息资源访问通过集中授权，基于角色使用权限访问控制资源获取范围，使信息服务有明确的边界。

（二）建立完善的安全体系

完善的安全体系是提供信息服务的保障。智慧校园涉密信息系统应当依据国家信息安全等级保护的基本要求，重点突出物联网安防和外联系统接入防护；应建立起专用的数据传输通道，用于较低防护等级安全域中的信息向较高防护等级安全域传送；准确界定各类网络、数据和应用系统保护等级，优化信息资源安全管理标准和流程，构建多层级、多目标、实时态势感知的安全保障体系。

（三）加强个性化信息服务的风险防范

智慧校园要加强数据资源的建设和管理，平衡数据开放与隐私保护之间的矛盾。大数据应用模型要及时进行调整修改，防止出现提供的个性化信息不准确或偏离现实，造成信任危机。智慧校园要警惕人工智能"双刃剑效应"，积极探索人工智能伦理的重构与管控机制；防止智慧校园在建设过程中被各种技术异化、使用泛滥，让个性化信息服务回归正常轨道。智慧校园建设的根本目的是服务教学，防止教育信息化的虚假繁荣。

第二章　基于具身教育的智慧校园文化

　　智慧校园是以虚拟化、云计算、物联网、SOA（Service-oriented architecture，面向服务的体系结构）架构等各种信息技术为基础，通过系统集成和智能分析优化师生与相关资源的交互方式，全面整合教学、科研、管理和校园生活资源，实现无处不在的网络学习、融合创新的网络科研、透明高效的校务治理、丰富多彩的校园文化、方便周到的校园生活。作为数字校园的高端形态，智慧校园所具有的多元化、智能化和分布式的特征，提供了一个开放包容、集约高效的环境，构建了集智慧学习娱乐、智慧教学科研、智慧生活服务、智慧社交应用、智慧管理决策等于一体的文化环境。其功能、内容以及途径所具有的现代性、非言传性、非字符性潜移默化地影响着工程应用型人才的职业道德、价值取向、敬业精神和行为规范，也在潜移默化中改变着师生原有的意识习惯，塑造和培育着新的思维方式，逐渐成为现代大学组织赖以生存、运行和发展的灵魂。

第一节　基于具身教育的智慧校园文化内涵

　　文化是高等教育的灵魂，是高校存在的精神与本质所在。校园文化建设事关"培养什么样的人、怎样培养人、为谁培养人""办什么样的大学、怎样办好大学"这些根本性问题，为师生提供价值支撑、思维模式与行为规范。而智慧校园正在使校园文化的形态与功能经历着一次较为深刻的变化，其文化形态"有些是有形的，是可以用物质或者书本、符号、言语表达出来的显性知识，但是有的是内隐的默会知识"。随着工程应用型人才培养对于智能化和人性化的关注，人工智能、云计算等首先被运用于校园文化领域，学习也不再仅限于班级与课堂。VR（virtual reality，虚拟现实）技术提供了身体与机器交互学习的平台，可以是情景式学习，将学习寓于情景中；可以是体验式学习，身心投入，带着身体进行问题的探索。这种文化内涵不仅在于拓展现实校园的时空维度，而且在于个体潜能的开发与自我价值的实现，最终达成人文精神与科学认知在身心教育实践中的统一。

一、智慧校园的基础性功能：物质文化内涵

物质文化是智慧校园的构建与发展之形。智慧校园的物质文化是一种外显的、以物化形式存在的，为铸造校园文化所需环境及氛围所提供的物质载体，其外在标志是以 IMU（internet mobile uni - varsity）的定位方式，基于平等开放、创新的互联网理念，提供无缝互通的网络通信，支持教学过程分析、评价和智能决策的开放教育教学环境和便利舒适的生活环境。这种物质文化是体现着学校精神价值的物质结构，是办学水平的基石，也是当前社会直观量化高校办学实力的一种标尺，是形成师生默会知识的基础与保障。物质文化从形式上包含三个方面：一是基础设施，指嵌入校园建筑物和各种设施中的各种传感设备、数据中心、信息管理平台和综合决策平台，从层级上大体可区分为物联感知层、通信网络层、计算与存储层、数据及服务支撑层，实现计算技术、通信技术、智能感知技术、数据技术、智能技术、虚拟现实技术、知识管理与社交网络技术等在内的智慧型技术的集成应用。二是人文环境，通过无处不在、稳定、安全、易于管理的无线网络环境，实现智慧型技术在人才培养、科学研究、社会服务、对外交流与合作、文化传承与创新等方面的具体应用，以展示学校形象与文化特色，彰显学校办学理念，汇集学校教育教学成果，以直观性和超语言性使学生通过"望、闻、问、切"的方法去解读、领悟其深刻的内涵，方便广大教师交流教学经验、分享教学智慧，方便学生分享学习心得、开展科技创新活动，形成积极和谐、共享协作的学习交流社区。三是活动载体，各种信息化、智能化管理服务平台为各种校园传统活动载体的创新转型提供了技术支持，以 VR、AR（augmented reality，增强现实）、MR（mixed reality，混合现实）的形式推动各种校园活动在内容、渠道、平台、经营、管理等方面的交叉跨界，特别是在数据挖掘和技术分享层面助推各种活动载体的创新，以拓展校园活动载体的时空维度。

二、智慧校园的保障性功能：制度文化内涵

制度文化是智慧校园的构建与发展之规。作为智慧校园规范建构和有序运转的保障，制度文化既可视为外显的制度化了的行为规范，也可视为模式化了的行为方式，由此分为表层制度文化和深层制度文化，前者是指以文本形式呈现出来的制度，后者是指人们对创建制度与遵守制度的态度、价值观念等，二者为规范学校的权力配置及组织运行给予重要的内驱力。制度文化凝结着师生的实践智慧，规约着人们的言行，通过非言语性的默会知识对师生加以塑形和导向，将校园精神转化为师生自觉行动。智慧校园文化将师生凝聚为学习、生活的共同体，核心目标是通过个性化的服务，促进教学者、学习者、学习伙伴、管理者、社会公众彼此进步、协同发展。其基本手段就是促进信息、知识在共同体内的充分流动和分享，这一过程是将数据整理序化，形

成信息；将信息筛选传播，构建为知识；将知识评价内化，升华为智慧。而整理、筛选、评价需要依据一定的规范、标准和规则来过滤和摒弃掉大量的无用信息、虚假信息和有害信息，分辨出正确的、有价值的信息，保持校园信息生态的平衡与繁荣。在这一前提下，智慧校园制度文化将行政管理、信息管理、教学服务、后勤服务等数据和资源进行一体化整合，通过即时的数据采集、呈现，充分满足了发展规划的制定与实施、教育教学方式的改进、育人质量的评价和提升、教育管理部门和社会公众了解高校发展状况等方面的需要。管理者依据事实说话，依据数据决策，这不仅提高了工作效率，还减轻了管理层的工作负担。智慧校园改善了各层面的信息传递与相互了解，实现了上下级部门之间迅速便捷的沟通，使师生的工作、学习与交流的效率得到提高。在数据资源共建共享的环境下，要从需要、动机、情感等多维角度推进制度建设的科学性，推动学校业务和管理创新，在公正、透明、科学、和谐的基础上达到表层制度文化建设与深层制度文化建设的统一。

三、智慧校园的自主性功能：行为文化内涵

　　行为文化是智慧校园的构建与发展之实。智慧校园全方位改变着教育教学方式和师生交往方式，关系到师生的思想方法、学习方法和思维的技巧，最终由无意识的习惯与有意识的自觉相互作用而形成一种行为文化。这种行为文化实质上是智慧校园本质能力的外化，是智慧校园的价值理念、人际关系、工作状态和文化底蕴的综合体现，是师生受到其感染和熏陶而将默认知识显性化。智慧校园以聚合众多优质课程资源与知识素材为特征，消弭了教学资源的边界，打破了传统课堂对教学信息、知识的垄断。学生可以灵活地使用各种网络课件、知识载体来理解和记忆学习内容，通过实时下载、查询、共享云平台的教学资源，有效地搜集、筛选和使用信息，充分实现了学习的自主性和个性化。教师则可根据大数据分析出学生的学习状况和接受水平，确定适当的教学进度与教学内容，运用各种新技术手段对学习环境进行设计，为学生提供各种信息资源，营造线上、线下自由探索和自主学习的场所，并利用大数据自动生成过程性评价结果，引导、提醒学生的学习目标与学习状态，支持学生根据个人兴趣在本学科专业领域的主动探索。智慧校园所具有的互动、开放、平等的状况，使主体的个性化彰显，师生共同分享交流而不受物理空间限制，教育环境的多元化、自由性更加显著。教师之间可以在网络平台相互交流教学理念、分享工作经验、寻求解决方案；学生也可突破地域与时间限制，在活动交流板块发表自己对学习、生活的看法，进行同伴互教、项目探究、小组研讨、问题发现与解决。智慧校园通过监测、分析、融合、智能响应的方式，及时回应师生诉求，多途径交流沟通，感知、捕获和传递学生的学习偏好、认知特征、注意状态、学习风格等，有效支持教学过程分析、评价和智能决策的开放教育教学环境和便利舒适的生活环境，为实现教育教学目标提供了良好的保障。

四、智慧校园的先导性功能：精神文化内涵

精神文化是智慧校园的构建与发展之魂。大学之大，关键在于文化存在和精神存在。校园精神文化是一所学校师生认同的有自身特色的价值观念、理想追求、道德要求、办学理念等，体现的是师生价值观形成与信念追求的最高境界，它形成一种无形的力量、无声的命令，对大学治校理念及制度安排的设计发挥着价值引领及导向的作用，这些要通过时间、实践和经验的积累形成默会知识，也是建构智慧校园的核心、精髓和灵魂。学生通过校园文化熏陶、感染、心理暗示等因素的影响，在无意识中观察、模仿，又因智慧校园以信息传输快捷、资讯量大、覆盖面广和交互性强等优势影响着师生的价值理念、价值判断与价值选择，有效增强了师生的民主意识、开放意识、创新意识和未来意识。智慧校园构建了平等、自由的民主空间，教师不再是掌控知识来源的权威，学生与老师一样拥有丰富且平等、自由的交流空间，拓宽了大学宽松、活跃、执着的学术环境，校务公开、党务公开等进一步促进了民主诉求、增进了民主氛围。智慧校园促进了知识和信息的无障碍获取与运用，彰显了兼容并蓄、免费共享的价值取向，就空间范围而言，包括对学生家庭开放、对社区开放、对社会开放、对国际开放；就内容而言，包括思想观念的开放、教育管理的开放、课程的开放、学生社团的开放等。以"翻转课堂""慕课"等为代表的智慧校园教育模式逐渐兴起，使传统的"以教师为中心、以课堂为中心的教育方式逐渐弱化，代之以以学生为中心、以实践为中心的现代教育方式"，加强学生的探索和创造能力。智慧校园着眼于科技的发展和学生的未来，促使信息向知识、从知识向智力、从智力向理解、从理解向智慧这样一个向深度运动，完成"数据—信息—知识—智慧"的转化过程，从而让学者自我认知、自我学习，发现、唤醒人的内心世界，开发人的无限潜能，最终达到全面而自由发展。

第二节　智慧校园文化的具身教育实践困境

智慧校园文化因智能化技术而生、由智能化技术促动而发展，不断更新的硬件设施在支撑、改造着校园文化，使其蕴含内生性发展张力和巨大的发展潜力。但校园文化被赋予的"智慧"从本质上讲只是庞大的逻辑运算，是客观的、单维的、冰冷的，全然不同于校园文化本身所具有的主体性、渗透性、传承性。如果外生技术被简单地"嵌入"内生文化，往往会带来人文关怀缺失、信息污染、知识过量、隐私泄露、数字鸿沟、教育资源分配不均衡以及道德失范等问题，使校园文化建设面临种种实践困境。

一、结构性困境

　　智慧校园文化建设旨在利用新一代信息技术提高师生之间、校内外资源之间联通的明确性、效率、灵活性和响应速度，实现信息技术与教育的深度融合发展。由于信息技术是作为外生系统嵌入校园文化之中的，必须寻找二者深度融合的生态契合点，但源于供给与需求的张力，存在着一系列结构性困境：一是学术文化追求与企业盈利目标的矛盾。智慧校园框架的构建思想与体系大多是由高校的教育研究者和公司构成，高校倡导以探索规律、追求真理、掌握知识为内涵的学术文化，技术与硬件设施通常外包给相关企业。而企业多擅于纯技术研发，注重以最小成本来获取最大利益，在科技需求方面偏好见效快、风险小、成本低、利润高，缺乏深谙教育信息化内涵、擅长教育市场营销以及软件研发的复合型运行团队，所建构的技术系统难以实现智慧校园文化的进化式发展。二是预设性教育与生成性教育的矛盾。智慧校园文化的建构在于将理论与实践有机结合，使学生通过虚拟仿真经历当初科学发现的思维过程，经历技术应用的实践过程，体验综合运用各学科知识解决实际问题的创新过程，鼓励学生通过差异化教学、个性化学习、协作学习、群智学习、入境学习、泛在学习等方式，由被动接受知识转化为主动学习、主动发现问题和解决问题，大胆猜想、不断试错，培养其敢于批判、善于扬弃的精神品质与坚强意志。在这一目标设定下，教育者的初衷是为学生提供专业化、结构化、体系化的知识源，但网络端受教育者学习目的多种多样的影响，习惯于利用闲暇时间进行碎片化学习，对完整课程体系的系统学习缺乏足够的耐心，使"课堂正餐"面临"网络快餐"的尴尬。三是在智慧校园的投资结构方面，往往重硬件轻软件、重技术轻管理、重网络轻服务；在技术与校园文化整合方面，过于强调技术的先进性，而忽视技术的实效性与教育意义，实现不了技术与文化的同频共振；智慧校园的规划与应用不相匹配，规划的内容和方法都是既定的，而智慧化设备和技术的发展过快，因此规划的内容往往跟不上智能化技术的发展。

二、体制性困境

　　从数字校园建设进阶到智慧校园建设，通常是在已有的教育体制、组织结构下进行的，只做局部优化。由于标准化、规范化和兼容性不够，系统之间彼此隔离，数字校园建设中呈现的信息孤岛、数字鸿沟、信息碎片化等问题依然存在，需要优化和变革教育管理模式和组织体制，然而一旦触及所固有的组织关系、体制就会遇到无法想象的阻力。一是将智慧学习环境建设视为技术问题，仅仅关注信息门户系统、教育部门管理系统和数据集成，致使科研成果和教学应用脱节、管理与服务分割，服务模式单一，信息处理被动，教学、后勤、课程、教研等系统之间依然缺乏较好的协作。二是智慧校园建设过程缺乏合理有效的规章管理制度，部门职员的岗位职责和工作规范不完善，绩效考核标准不明确；不同职能部门、教育教学单位之间存在着资源利用和分配不协调的问题，或是资源使用不均衡，忙时的应用需求对服务器配置提出了很高的要求，而在非忙时资源就呈闲置状态；或是存在技术盲区和维护管理不当，一些高精尖的技术设备被大材小用，造成硬件资源技术的浪费。三是实施主体及其权责不明晰。高校的网络中心通常是智慧校园的规划者、建设的参与者、使用过程中的管理者和维护者，师生则是被动的接受者。设备往往是从系统集成商那里集中购买，并且由其进行安装和调试。而遵循商业逻辑的系统集成商并没有一个长期的智慧校园建设目标和实施计划，在智慧校园的进阶过程中只能"拆旧换新""重复建设"。此外，各高校之间尚未建设统一的资源共享平台，优质教育资源较难在校际之间、区域之间实现无差别的交流与共享。

三、进程性困境

智慧校园文化通过利用现代信息科技留住记忆、沿承历史使学校获得特有的演进发展路径，对高校师生的学习、生活及交往方式产生了强大的冲击波，也为高校校园文化发展进程提出了新的课题：一是校园文化的同质化。校园文化积淀着历史、传统、社会的价值，具有独立性、稳定性、溯源性等可贵的品质，体现学校个性的内在特质。而信息技术标准化、规范化、模式化、定量化、集成化的特质内在地驱动校园风貌向同质化演进，使高校在智慧化的办学进程中与校本特色渐行渐远。二是校园文化的物化。便利的智能设施和虚拟的网络空间予以师生强大的技术赋能，原来需要师生互动或多人合作才能完成的教育行为通过智能帮手即可实现，致使师生间或同伴间的交往需求、依赖程度、互动频率大大降低，校园文化作为生命活动的表征受到技术应用的挤压，日常情感交流被虚拟交流所取代，校园人际关系质量不断衰减。无法避免的算法歧视在一定程度上无法真正再现教育者与受教育者的所思所想，在很大程度上束缚了学习者的自由选择。信息获取的便捷性增强了师生对智能器具的依赖度，校园生活的程序化、机械化向度阻滞了师生的思维，忽略了对理性思考的锻炼，造成主体性丧失、价值判断标准失衡、创造力发挥受到抑制的现象。三是个人隐私安全困境。智慧校园的建设必然伴随着个体数据量上的增长和校园文化维度上的融合，云计算的本质便是资源共享，而个人数据却是私有的，致使数据使用和数据隐私之间的矛盾日益凸显。能否在利用大数据进行分析的同时，确保信息数据和个人隐私的安全，不但直接影响每个师生的合法权益，而且间接影响人们对智慧校园文化的体验、信任与接纳。

第三节　基于具身教育的智慧校园文化发展路径

具身教育理论认为我们的头脑、身体和所处的世界是不可分离的，学习是通过学习者的行动并且在行动的世界中。智慧校园文化对教育环境的改造、提升成效显著，但在关注技术给校园文化带来积极影响的同时，需要厘清新技术的应用边界，寻求解决教育生态失衡等不良影响的策略，进而由器物层面的智慧校园向道法层面的智慧教育延伸，实现"物智能，人智慧"。通过智慧校园的建设，形成人人想创新的校园工程文化和人人为工程创新提供支持的氛围和崇高风尚，形成创新的实体空间和软硬件环境，形成激励人持久创新的机制和保障。

一、立足整体向度，夯实智慧校园的物质文化基础

立足整体向度，就要着眼于具有技术取向和价值取向的物质文化基础，实现智慧校园工具理性与价值理性的统一。智慧校园的物质文化在表征、传达技术理性的同时，必然蕴含着教育者的价值选择和价值预设，从本质上来说，智慧校园的使命应该是变"工具、技术"为"范式、价值"，而不是"技术通约教育、通兑教育"。这就要立足人的自由、全面发展，聚合各类松散的、异构的信息资源，对外实现多信道、高速、可控的互联网连接，对内形成快捷、稳定和安全的信息实时同步传输，夯实基础服务平台、信息共享平台、资源共享平台，营造系统集成、网络互联、信息互通、实时互动、资源共享、智能友好的校园文化生态。一是构建智慧型教育体系，教育者通过大数据做出精准教育决策分析，个体与群组通过开放式云网端进行及时性交流协作，学校通过资源库系统进行智能化的信息分享推送；通过模拟对象严格参照现实中的对象进行高精度建模，支持虚拟现实高度沉浸感的 VR 教学，为学生提供参数可以任意设置的实验环境，实现自主性、探究性、智能化的教学科研应用场景。二是建设智慧型网络社区，将 VR/AR、云计算、大数据等先进技术融入学习之中，打造终生学习社区，增强学生的创新思维、合作技能和解决问题的能力；建设功能强大、界面友好、使用便捷、富有人气的社交网站，可以唤起学生的社群情结，与学生建立情感的连接和管理，激发学生的参与度和创造性。三是完善智慧型管理机制，运用智能传感、物联网和区块链技术打造校际集成云数据中枢，构建超大容量的虚拟资源池，实现资源动态分配、动态负载均衡，提高资源利用率；集成各种管理信息系统和公共数据交换系统，形成"一站式"智慧校园信息化生活服务空间，提供快捷高效的校园信息化生活服务；通过物联网技术和智能感知技术实现对校园节能、安全监测、环境监控的信息化管理，实现管理工作精细化和扁平化；构建移动端的校园智慧生态圈，通过授权满足多元化

移动终端用户随时随地快速登录、分享信息、即时处理的需求，实现便携式教学和办公环境、数字化教学与自习空间、科研服务云平台等互动信息环境。

二、立足规范向度，完善智慧校园的制度文化体系

立足规范向度，就要着眼于具有道德遵循与教育意志的制度文化体系，实现智慧校园刚性规制与柔性约束的统一。在特定的校园文化情境中是否应用智能技术、选择何种智能技术、如何应用与评价智能技术均关涉"伦理关照"与"人文关怀"，需要对智能技术进入校园文化的范围、标准、方式，以及相关主体对智能技术的态度、责任、义务等方面予以明确规定，来实现校园文化"培养人、发展人"的教育目标。首先要根据学校的办学目标、学校特色与发展需要建立相应的制度与治理机构，对教育技术实践工作进行规范指导与约束，加强大数据标准化建设，包括数据的采集、接口、交换、共享的标准建设；注重保护教育对象的个人隐私，防止数据滥用；特别要规范第三方校园 App 的引入和自主开发校园 App 的建设，使其受到技术伦理、责任伦理的规约。其次是广泛宣传规章制度，重视制度文本的运行和反馈，在此基础上使智慧校园的规范、标准和规则被各主体认同、内化和践行，强化内在自我约束力，作为自我行为习惯的准则；使师生员工自觉参与、维护和优化文化环境，呈现出内在自我约束和外在管理规范相结合的文化品格。最后要利用防火墙、入侵检测、防病毒、安全审计等技术手段，切实做好网络安全、数据安全、系统安全、应用安全等工作；利用虚拟化技术对数据冗余备份，实现系统的零宕机迁移、备份和快速灾难恢复，使用区块链技术构建数据结构等为相关数据确权加密，保证数据安全，有效保护个人隐私。尤其需要重点关注数据集成、一卡通应用、后台管理、网络资源管理、智能预警提示和师生网络互动等平台以及延伸覆盖全校的物联网感知识别系统，这些平台和系统记录、存储和承载着学校人员、物资、资金和设备设施的大量信息，需要制定周密而详尽的管理制度机制和安全防护措施。

三、立足人本向度，培育智慧校园的行为文化氛围

立足人本向度，就要倡导发展人的天性、个性与德性的行为文化氛围，实现智慧校园显性教育与隐性教育的统一。智慧校园的范式是以大数据作为衡量标准，将学校物理空间和数字空间有机衔接起来，追求知识的量化与传递的效率。而校园文化中人的行为、性格乃至情感等都是无法量化的，其情境教育功能是通过校园生活以及学问中模糊、含蓄的判断标准来确立审美情趣和价值导向的。重视对学生身心发展的"人文关怀"，需要摈弃算法歧视，把定性和定量结合起来，通过物联网环境打破时空局限性，智能识别师生群体的学习、工作情景和个体的特征，从而构建各类虚拟环境、实验基地、学习伙伴等，旨在提供沉浸式的体验，用直观和具有强视觉冲击的方式使

枯燥无味的传教、授教变得生动有趣，让生涩难懂的知识变得易于理解。一是将分类教育与按需教育相结合，提高大学生行为文化建设的针对性。默会知识无法用语言表达，但可通过教师示范与学生练习来沟通、传递情感、态度、价值观和信仰等。因此，应构建畅通的交流互动环境，鼓励学校管理人员与专业教师更多的"现身"平台，与学生实现网络上的平等交流；形成固定时间节点、固定披露形式的信息公布机制，把行为文化建设的内容渗透到这些资讯信息之中，实现不间断的、强度稳定的指导和宣传；通过对数据的挖掘和深入分析，针对教育的每一个阶段，对每一个学生做出科学合理的评价、建议与目标考核；营造崇学尚新的学科行为文化氛围，通过移动终端的及时反馈系统，使学生及时感受到自身技能与成绩的提升，从而能够根据自己的实际能力与已有水平设定可达成的中短期目标，从沉浸体验中得到成就感和满足感。二是将线上、线下教育教学活动一体化，对师生行为文化予以及时的正向激励；将管理行为朝多元决策和全员参与的方向转向，使离线变为在线，利用"大数据"及时排除可能出现的障碍，实现动态管控；鼓励在线教育，实行线上报名、线上追踪反馈、线上过程考核，将这一过程与学生个人综合考评挂钩；根据学生的专业特点、心理特征与水平状况，在网络平台创设符合和适应学生学习的情境，激发学生学习动力，使移动学习成为在校学生获取资源和信息的流行方式。三是将从众心理与个性彰显相结合，引导校园行为文化良性、有序地发展。关注学生的学习体验，以避免为技术所驱动而违背学生发展的规律；实现校园个性化定制的资源和服务，在系统分析决策后，能够为师生推送符合其偏好和需求的学习方案、信息资源和知识获取手段，并可以进一步根据用户的状态与学习进度，推送相关的指导与服务，为每位学生量身甄选合适的课程，推荐相关的学习伙伴与教育资源等；将师生个人、社团组织、创业团队自己建设的自媒体平台予以整合，合理引导，指明网络舆论的正确方向，进而规范个体的网络行为，借助对数据的深度挖掘，实现行为文化的可视化管控、智能联动、学业预警以及个性化辅导。

四、立足价值向度，追寻智慧校园的精神文化旨归

立足价值向度，就要拓展视野、陶冶情操、丰富精神生活、提升精神境界，实现智慧校园人文精神与科学精神的统一。科学精神培养人们严谨、求实、客观、公正的价值取向，本质上是一种向真向善向利的价值追求，人文精神强调对主体的尊重，是一种对善、美、自由的价值追求，二者相结合，才能实现对外在束缚的超越以及个体精神自由，使校园文化富有生命力、创造力和凝聚力。大学阶段是学生脱离家庭实现社会化的重要时期，正是"拔节孕穗的时节"，精神文化的供给与获取直接影响着青年学子的思想观念、价值取向、精神风貌，关乎一代青年的成长成才。做好智慧校园的精神文化建构，就要对智慧校园的技术理性进行人文反思，扩大价值判断的范围，将人文价值纳入其中，恢复技术理性与价值理性的恰当关系，使智慧校园具有生活化、

常态化、情境化、精准化的育人模式，从而推进社会主义核心价值观的智慧化、隐性化、数字化，以润物无声的方式给学生以人生启迪、智慧光芒和精神力量。一是涵养校园文化内涵，加强新时代话语体系构建。要创新呈现方式，根据智慧校园传播媒介和信息载体的特征，善用网络思维提炼校园精神的标识性概念，将文字信息和图像协调融合，丰富可视化元素，让教育资源更"善解人意"，形成"看不见的宣传"，使精神文化生动起来、亲近起来、温暖起来，实现意识形态的正确性、前进方向的一致性和学校形象的统一性。二是增强智慧校园的人文情怀和自由精神，打造共建共享平台。依托知识管理、校园社交网络、在线教育等 IT 平台的支撑，广泛联合校内外新媒体与传统媒体资源，积极建立起高校间的信息资源共享交流平台，打造智慧校园全媒体运行模式和工作格局；充分发挥智慧校园思想引领、信息服务、交流互动和协调管理的功能，实现资源共享、有效联动，提升新媒体工作矩阵的影响力、迁移力、凝聚力和感召力，塑造、引领师生的理想追求、价值取向、审美情趣和道德品格。三是推送更加精准高效的校园文化服务，打造同频共振、同心共鸣的生动局面。智慧校园不但追求知识和技术层面丰富便捷，更重要的是造就精神层面的富有者，将教育的可能性和人的可能性变为现实。这就要建立校园文化服务云，加强知识管理，精准预测师生精神文化需求，做到智能推荐、智慧共享，帮助师生建立基于个人知识体系与学科方向的信息资源库，并实现个人信息库与团队信息库的无缝对接；还要通过在云计算技术上的大数据整合，挖掘隐匿在师生言行表象后的安全、健康、尊重和自我实现的需要，在尊重和维护隐私权的前提下，充分发挥人的主体性与创造性，实现校园文化从公共空间到个人身体、行为、生活环境的智能化渗透。

文化是校园的精神血脉，每一所高校都具有独特的文化品位和格调，其时刻发挥着思想导向、情感激励、心理塑造的功能，以感染、暗示、从众、认同等形式使师生默会并内化为相对稳定的心理品质和思维方式。智慧校园作为一种文化环境，带有独特的跨界融合性、创新性以及开放性，有效拓宽了校园文化的时间向度和空间维度，其具身教育价值与功能的发挥对工程应用型人才培养目标的实现、工程素养的培育有着重要意义。智慧技术的发展既为校园文化创新提供了动能与条件，也对校园文化创新提出了更高要求。置身于信息时代的浪潮，高校应抓住智慧校园赋予的变革机遇，有效应对和规避智慧校园文化的结构性、体制性和进程性矛盾与风险，以高度的文化自觉和文化自信全方位、多角度、深层次布局校园文化建设，优化智慧学习环境，构建新型教育模式，建立现代教育制度，涵养精神文化生活，拓展校园文化发展的崭新境界，开创校园文化建设的全新局面。

第三章 "互联网+"智慧校园建设

近年来,我国校园的信息化建设取得了很大的成绩,在基础建设、应用开发等方面都有巨大的进展,但平台单一、业务本位、系统分散、数据割裂等问题使得智慧校园的目标还远未达成。如何通过"互联网+"打造智慧校园,成为很多学校管理者思考的问题。

智慧校园是教育发展的"高级形态",更是学校建设的理想目标。"互联网+"时代带给传统教育的新形势和新挑战,最终还需要通过信息技术来加以有效地应对和解决。在这一过程中,信息化建设所面临的并非是各种校园业务大大小小的修补,而是如何从外部去审视、破解、颠覆和重塑传统的大学校园,使其与互联网有机地融为一体,从而真正实现高等教育底层结构的"升华"。

第一节 智慧校园规划

一、智慧校园建设目标

充分发挥信息技术优势,促进信息技术与教育教学的深度融合,从而提高学校师生、员工的信息技术素养,创新教育教学模式,提高教学质量,再造管理流程,提升校园文化生活品质,拓展对外服务的范围,以智慧化引领学校现代化发展,增强学校的核心竞争力,为学校培养高素质人才提供信息化支持和保障。

在统一数据标准、统一开发平台、统一资源管理的基础上,利用智慧校园平台将教学、科研、数据分析、管理、生活等活动统一到一个基于数字网络的环境下,实现四个智能化,即教学过程智能化、学习过程智能化、管理服务智能化、领导决策智能化。这样不仅能大幅提高教职工的工作效率,更能提升人才培养的质量以及科学研究实力。通过智慧校园数据的采集以及对大数据的分析,获得全体教职工以及在校学生的生活习惯、学习喜好等信息,对学校进行下一步的规划与决策起着关键的作用,并最终实现教育现代化。

利用先进、成熟的技术手段，围绕智慧校务、智慧教学、智慧科研、绿色校园、平安校园、便捷生活六个方面来开展智慧校园建设工作，同时建设应用支撑平台，最终建成智慧、多元、高效、开放、和谐、人文、安全的智慧校园，为全校师生提供良好的管理、教学、生活环境，同时为学校与家长架起沟通的新桥梁。

（一）具体目标

（1）统一标准：建设完备的学校信息标准。

（2）高效管理：根据职能部门实际工作流程，建设业务系统，实行"无纸化"办公，简化办事流程，提高工作效率。

（3）资源共享：建设统一信息门户、统一身份认证平台和共享数据中心三大支撑平台，集成业务系统，实现信息的共享、资源的共享，提高信息传递的速度，从而将学校教学、科研、管理水平推向新的高度。

（4）智慧环境：构建物联感知系统，如校园手机一卡通、智慧图书馆、智能植被灌溉系统、智能照明控制系统、智能安防系统等。

（二）近期目标

（1）建设完备的网络硬件基础，以及包括安全体系在内的网络服务平台的建设。

（2）建立公共数据库，制定数据标准和规范，进行数据整合，从而实现各系统数据的同步。

（3）建设基于角色管理的统一信息门户平台。

（4）建设统一身份认证平台。

（5）建设办公自动化系统、学生工作管理系统、人事信息管理系统、档案管理系统、外事管理系统、邮件管理系统、网络教学与资源管理平台、科研管理系统、经验积累平台、校园一卡通系统。

（6）合作开发实践教学管理系统。

（7）整合主要业务服务系统：教务管理系统、综合财务信息平台、图书管理系统等。

（8）构建云教室。

二、智慧校园建设原则

智慧校园建设应坚持统一部署、软硬兼施、步步为营、重点突破、坚持不懈的方针，按照规范和规划一步步地建立起一个智能化、统一化、信息化的学校。

（一）统一规划，分步实施

智慧校园规划不仅要考虑构建统一的技术系统，更重要的是要制定统一的标准规范进行顶层设计，寻求系统整合方案；要确定有限目标，分步骤实施，考虑不同建设项目的需求和业务流程特点，制订合理的分步实施计划。

（二）应用驱动，绩效评价

智慧校园建设要始终坚持以应用为导向，规划设计应根据业务需求确定软件系统的要求，根据软件系统的要求确定硬件系统的配置；面向业务应用，构建技术系统和组织体系，推动智慧校园的有效应用；以应用效果作为智慧校园建设的评价目标。

（三）职业素养与职业技能共同提升

智慧校园的基础设施、应用服务和数字资源的建设应遵循教育规律，强调和突出教育特色，着力于提升学生综合素质，努力探求和构建适合学校智慧校园的教学模式、管理模式以及服务模式。

（四）技术系统与组织体系协同推进

智慧校园建设要依据学校整体发展战略和信息化环境下的业务需求，进行技术系统的顶层设计，规划并改造组织结构与体系，包括组织机构、政策规范、管理机制和人员发展，使技术系统和组织体系相互匹配、协同有序。

（五）先进成熟与承前启后并重发展

智慧校园建设应考虑技术系统的持久性、扩展性和兼容性，要选用先进、成熟的技术，既要着眼于新系统建设，也要关注已有的系统利用和整合，更要重视技术系统的可持续发展。

三、智慧校园应用开发环境

（一）支持的操作系统和数据库

Microsoft Windows、Android、SQL Server、Oracle 等。

（二）开发语言

VC++/C#/Java105。

（三）开发包

提供基于 Android 智能手机、PC 客户端的开发包。

四、智慧校园设计基本思路

高校重视实践教学，以培养应用型技术人才为目标，在设计思路时突出高校的实用与实践相结合，设计思路如下。

智慧校园建设要立足现阶段信息化建设现状，形成一套统一的信息标准，建成学校真正的数据中心平台，建立统一、唯一、准确、实时、动态的数据库，做好数据平台与其他应用系统的整合和数据对接工作，使全校型数据能够与各个业务系统往来，实现异构信息系统之间的数据共享与交换，同时使业务系统与数据中心平台的数据更加规范化和更加准确；为使学校的决策更加准确，现阶段必须建立完善的大数据模块，用于支撑系统累计分析数据，需建设可以提供学校综合查询以及数据分析的信息；通过集成各种业务服务以及数据分析服务，可以进一步推进"校园一卡通"功能，使得服务更加自助化、智能化，最终实现信息、服务的自动流转，实现校园智慧化的目的。

首先，构建随时随地的便捷的上网环境。通过建设有线、无线网络覆盖带来的网络构架，实现在校内任何时间、任何地点、任何人、任何设备、任何内容之间进行信息传播。其次，建设一个整合的数据环境，对计算环境和存储环境有较高的要求。通过整合校园的数据资源，推行统一标准的信息化管理，将来源于校内的管理部门和外部的相关业务实体的信息资源进行融合。最后，构建物联系统，提供能够支持各种智能终端、设施、设备联网的环境，加强 IPv6 网络建设，为学校与外部环境相互交流、感知提供接口。

五、智慧校园建设内容

智慧校园建设的核心内容是支持教育教学模式和管理服务体系的技术系统和相应的组织体系。智慧校园为学生、教师、管理人员和校外人员等提供集成的智慧化的教学、科研、管理、公共服务、文化生活、社会服务和决策支持服务，促进学生和教师信息化职业素养的全面发展。为满足服务需求，智慧校园建设应包括硬件建设、系统平台建设、业务系统建设、一卡通建设等方面。

（一）硬件建设

为保障统一信息门户平台软件的运行需求，对其应用支撑环境必须满足以下要求。

1. 基础网络建设

智慧校园应集成有线网络、无线网络，实现上网统一认证、统一行为管理和网络督查，增加学校出口带宽，以满足师生的上网需求。

2. 数据存储建设

智慧校园应满足"一套信息标准、三大基础平台"以及接口平台和各个业务系统的运行需求，存储设备实现定期备份和异地容灾备份。

（二）系统平台建设

1. 建立统一数据标准

高职院校的信息标准化建设应首先满足国标、部标的要求，其次要保证各种标准之间具有相容性、一致性和可扩展性；通过《信息管理标准集》来建设统一信息标准体系，规范学校智慧校园的建设、运行和管理。

2. 建立统一数据平台

建立统一数据平台要在数据标准的基础上建立统一的数据传输与数据交换规范，实现不同部门间、不同应用系统间数据交换的规范，使信息的传递更加畅通、信息资源的综合效益发挥得更好。共享数据中心实现了学校各部门之间的数据传递与交流，集中了学校各业务部门的数据，并实现了大数据的分析和异地备份。

3. 建立统一身份认证和接口平台

统一身份认证和接口平台是在统一数据分析平台的基础上，集中统一认证各种应用系统，这样不仅能够提供统一的应用系统管理接口服务，集中认证接口技术规范，更能提高智慧校园的安全性。

4. 建立统一信息门户平台

通过统一门户提供的统一信息入口，可以将各种应用体系整合在一起，实现单点登录，同时提高可配置性，如 Web 网站的业务风格、布局以及内容等。

统一信息门户平台应满足以下几个要求。

（1）符合师生使用习惯。

（2）提供满足标准型、可持续性的框架。

（3）提供多种校园内应用系统以及门户系统集成的手段，方便于对不同应用系统的界面以及功能的集成。

（4）提供安全的身份认证以及接口手段，方便于登陆外部系统以及各种校内应用系统。

（5）满足用户个性需求。

（6）提供对门户应用开发工具以及插件的支持，实现学校一些非系统级应用的快速升级。

（三）业务系统建设

1. 智慧迎新系统

智慧迎新管理系统应包含新生报到的各个环节，不仅要面向学校内各院系、管理部门，还应面向所有的报到新生，包括报到学生的信息采集、专业选择、班级分配、学杂费收取、报到人数统计等。该系统的数据是整个学生系统的基础数据，必须保证准确、有效。

2. 综合教务管理系统

综合教务管理系统的主要功能模块包括学生学籍管理、课表生成、教学质量评价、学分管理、系统运维等。

3. 学工系统

学工系统的人群应面向学生处、指导教师、任课教师、班主任和全体学生，包括贫困生管理、学籍信息管理、数据分析管理、学生公寓管理、系统维护等系统。该系统支持师生通过网络发送及接收校园内所有信息，支持管理权限分配，并按照权限分析各种请求、查询、统计报表及打印功能。针对系部分管院长、主任、指导教师、学生管理老师等，可以分配不同权限，输入学号（或姓名）即可及时了解学生基本信息（如专业、班级、指导教师、宿舍、学习成绩、考核等）。

4. 公寓管理系统

公寓管理系统能够实现以下功能。

（1）实现学生出入不间断进行记录，并能显示是否是本人刷卡，不是本人则报警提示。

（2）遇到非在本公寓楼住宿的学生进入，能够及时报警提示并拍照或者录像（如录像记录保存时间尽量更长）。

（3）夜间学生晚归能够凭卡自主进入公寓并拍照、保留记录，第二天打开计算机能够提示查看。

（4）自动统计夜不归宿学生，并提供查询。

（四）一卡通建设

通过一张卡，可以集图书卡、诊疗卡、食堂卡、电子钱包、淋浴、打水等于一身，实现了真正的"一卡在手，校园无忧"的目标。具体的实现功能如下。

（1）实现餐饮、开水、医疗、上机、车载 POS（point of sale，销售终端）等功能，实现与机房上机管理系统的对接。

（2）实现银校合作资金划转业务（需要根据实际情况来考虑具体的资金划转流程等）。

（3）统一数据交换中心平台。

（4）实现统一身份认证管理，实现单点登录。

（5）实现统一门户管理。

（6）实现金融数据统一存储管理。

（7）实现与校园网各应用软件平台的对接。

六、基于互联网的智慧校园架构设计

（一）智慧校园建设的总体架构模型

该总体架构模型基于云计算提供的三个服务层次进行设计，从下到上依次分为基础设施层、支撑平台层、应用服务层，辅以信息标准与规范体系、运行维护与安全体系两个保障体系保障智慧校园的规范建设与运行维护。

基础网络支撑平台：完成校园网骨干网络基础设备设施的建设，重点在于搭建基础承载平台，构建统一数据交换平台，交换平台将提供一个"可复用、基础化"的弹性伸缩平台，负责数据路由、数据共享、格式转换、任务调度等核心的数据处理功能；进行现有数据的抽取、转换、清洗、加载，初步建立基于数据专业模型关系的数据仓库，开展深度挖掘与分析应用，为学校决策提供基础信息支撑。

统一校园信息门户平台：构建校园网综合信息门户，不仅将现有应用的信息和数据整合起来，还要针对所有应用，统一一个信息访问入口，只需要输入一次用户名和密码，实现"一次登录，全校通行，统一管理"，并为未来的应用和数据提供一个统一展现的平台。

统一的身份认证平台：将用户信息、终端信息、机构信息及应用信息集中进行整合和存储，通过通用认证管理和通用授权管理，实现统一用户管理、集中式管理、客户端单点登录、网络基本服务。

云计算数据中心：完成对学生、教师等信息资源规划工作，建设全校统一、共享的教育基础数据库，为云平台服务提供基础数据支撑和保障，保证数据的唯一性、准确性。根据数据中心的数据，实现综合校情分析、师资队伍建设分析、学生工作分析等数据深度分析服务，提供科学合理的决策依据。

平安校园安防监控系统：实现重点区域、全校教学楼、公共区域、主要出入口、学生宿舍、食堂、车场车棚、运动场区、校园周边周界监控点位覆盖，构建安防监控云存储系统能够满足校园出入日及对校园边界、重点区域、主要通道口的监控和报警，并能与消防报警联动。

校园一卡通平台：校园一卡通平台是综合应用平台总体规划中的基础平台设施之一，可以为新建的和原有的各种信息化应用系统综合提供统一的身份识别与统一的电子支付服务，凡是需要确认身份及付费的各种应用都可以用校园卡来实现。

校园数字广播系统；实现计算机网络、数字视频监控、公共广播的多网合一，可随意添置工作站及远程对任意指定的区域或广播点终端讲话、监听、广播通知，实时掌握终端的播放内容及工作情况。

数字资源系统：建立学校数字图书馆，提供新课程在线电子书，引入市场上的教师专业书、辅助工具书，让数字图书能在多种终端上（如平板、智能手机、笔记本等）

顺畅浏览、下载和播放。完善学校视频案例系统，分学科建立教师研讨课、展示课、示范课资源，能够及时通过在线浏览、下载、播放等功能服务。

班班通、数字实验室、数字录播教室数字化环境：班班通是融合了基础设施、软件资源及教育教学整合等内容的系统工程。其根本价值在于打造教师和学生在信息化环境下的数字化教学方式，打破教室、教师、校园的界限，实现局域、城域网络无界限，实现校校互通、班班互联、资源共享。

学校综合管理服务中心：协同办公是智慧校园中用户使用最频繁的应用系统，也是最为关键的应用，包括人事管理服务、学籍管理服务、基本教务管理服务、党团活动管理服务、财务信息服务、固定资产使用登记服务、后勤管理服务、课程管理服务、心理健康管理服务等。

教师发展服务中心：包括教科研管理服务、校本研修服务、在线考试服务、网络阅卷服务、资源服务、协同各课服务、教师评谋服务、题库与组卷服务、教师评价服务、教师发展电子档案、教师社区等。

学生成长服务中心：包括学习平台、作业服务、数字图书馆虚拟实验室、选课管理服务、学分管理服务、课程直播点播服务、班级社区服务、体质健康管理服务、综合素质评价服务、学生成长档案袋、社会服务中心、学校门户网站、校友社区平台、家校通平台、课程观摩等。

（二）智慧校园的技术架构

在大数据条件下，环境感知技术、数字资源共享技术、移动互联网技术、学习情境识别技术、学习分析技术以及社会网络技术为校园智慧化提供了技术支持。在智慧校园建设中，以云技术、物联网、虚拟化、移动网络为手段，将云、物联网结合起来，实现无缝网络，建立智能感知环境，运用环境感知技术实现对校园各种物理设备的实时动态监控与控制；结合 RFID（radio frequency identification，射频识别技术）和 Wi-Fi 技术，实现固定物件和移动物件的标识与定位跟踪，建立灵活的教育资源公共服务平台；利用 GPS（global positioning system，全球定位系统）和 SmartThings 技术，实时感知仪器设备的状况，实施远程控制；利用视频识别技术感知教学场景，针对智能终端操作系统，开发 ios 和 Android 客户端，利用 Wi-Fi、2G/3G 移动网络的随时接入性，师生可通过移动终端随时访问校内资源，实现移动办公与学习；利用无线传感器网络（wireless sensor networks，WSN）技术进行能源智慧化管理，最大限度地降低设备能耗，建设"绿色智慧校园"。

（三）智慧校园的管理系统架构

智慧校园是在大数据条件下物联网、移动互联网等技术的综合体。

七、智慧校园建设的预期效果

智慧校园为学生、教师、管理人员等提供集成的智慧化的教学、科研、管理、公共服务、文化生活服务、社会服务和决策支持服务，促进学生和教师信息化职业素养的全面发展。

（一）为学生达到的效果

从学生的角度出发，满足了学生从入学到融于校园，直至离校等各个阶段的需求，同时为每位学生提供了不同需求的信息服务，如学生关注的学分、图书馆情况、成绩、学费缴费、社团活动等服务。

（二）为教师达到的效果

从全体教师的角度考虑，提供的信息化服务要符合其工作、服务、生活等各方面。以信息门户平台为例，教职工的信息查询服务应一站式，需包含教职工的邮件、办公、管理、人事、科研等。通过智慧校园建设，教师可以直接完成日常工作，并不需要通过进入其他部门的系统进行工作。如果工作涉及其他部门，可一次性协同完成，无须多次协调沟通。

（三）为管理人员达到的效果

从学校全局的角度考虑，高校是一个高度统一的整体，涉及教学、科研、就业、管理、服务等各个领域，对其提供的服务不仅要包含整个校园的相关内容，更要信息化、智能化。领导需要部门相关信息时，可以直接从智慧校园建设中获取所需信息，若需要对一些请示进行批复，也可以在这上面完成，极大地便利了领导办公。

第二节　智慧校园建设实施

为保障智慧校园建设能够顺利实施，必须严格按照规划，围绕这个工作重点开展各项工作。

一、智慧校园建设实施的保障机制

（一）智慧校园建设的组织保障

智慧校园建设相当复杂，必须要有一套完整的设计方案，不仅需要统一的用户管理，更要有统一的资源管理和控制权限。智慧校园建设工程是一把手工程，应建立智慧校园办公室，成立领导小组，学院院长担任领导小组的组长，领导小组的其他成员由有关校领导以及相关院系主任出任。该组织的职责如下。

（1）具体负责智慧校园建设的统筹工作。

（2）制定学院的智慧校园建设规划。

（3）制定智慧校园建设的相关规章制度。

（4）督促各单位的智慧校园建设工作。

（5）协调智慧校园建设中的各种关系。

（6）审批各单位智慧校园建设项目。

（7）参照国际有关标准，组织起草智慧校园建设标准。

（8）制定相关文件与制度，规范智慧校园的建设及管理，明确各部门责任。

（9）制定本部门职责范围内智慧校园的建设规划。

（10）配合落实学院的智慧校园建设规划。

（11）协调相关部门与院系，实施智慧校园建设方案。

（二）智慧校园建设的经费保障

学校通过多种渠道提供智慧校园建设的专项资金，同时将建设资金纳入年度财务预算，确保智慧校园建设的顺利实施。建设经费要按照智慧校园建设的规划统一分配。

（三）智慧校园建设的人员保障

（1）成立智慧校园建设实施小组，小组成员为智慧校园建设中涉及的各个部门的联络员，负责各模块的具体实施。

（2）提升师生信息素养。设立学校信息培训班，定期开展信息化素养培训，首先教师要支持智慧校园建设，然后通过教师带领学生认可智慧校园，确保智慧校园建设过程中能够全民参与，共同配合。

二、智慧校园建设实施

智慧校园建设分三个阶段：硬件建设、基础平台建设、业务系统和综合服务系统建设。

（一）硬件建设

1. 智能感知层

在学院经费允许的情况下，从高职院校建设的实际出发，在互联网的基础上，把传感器、控制器、机器、人员和物等联合在一起，形成人与物、物与物相连，达到动态识别、智能跟踪和管理的目的。

2. 网络融合层

网络是智慧校园建设的脉络，同时更是智慧校园的核心，通过网络融合层实现校园内网络互联互通和数据的交换、共享；将学院的有线网、WLAN、移动网络等进行整合，实现网络间无缝融合，实现上网统一认证、统一行为管理和网络督查。

3. 硬件支持层

（1）增加路由器、防火墙，实现校园内路由交换和安全防护；增加核心层、汇聚层、接入层相应设备，实现主干网络万兆互联，千兆到楼层，百兆进户。

（2）开展 WLAN 建设，实现有线、无线双接入。

（3）增加服务器、存储设备及相应的交换机设备，通过 VMware 技术，实现校内私有"云"，为支撑平台层提供硬件支持。

（二）基础平台建设

基础平台建设即支撑平台层建设，建设"一套信息标准，三大基础平台"。

（三）业务系统和综合服务系统建设

1. 业务应用层

根据学校的实际情况，提出满足学校现状的个性化需求，建立教务、学工、OA、校企合作、人事、科研、招生、迎新、毕业生离校、职业鉴定、社会培训、一卡通等系统。

2. 综合服务层

综合服务层是对业务应用层的延伸，涉及管理决策中心、自主学习中心、交流中心，根据为整个学校综合查询和决策支持所需的数据信息，为学校将来的决策系统以及大数据分析打好基础；通过集成各种业务服务以及数据分析服务，可以进一步升级"校园一卡通"功能，使得服务更加自助化、智能化；最终实现了信息、服务的自动流转，达到了校园智慧化的目的。

第三节　某高等职业学院智慧校园建设

一、智慧校园实施前信息化建设情况

（一）基础网络建设

该校具有到网通、电信、教育网的三个对外出口，以华为 8505 系列交换机为核心，建成千兆以太网主干构架，覆盖全院两个校区的教学楼、学生公寓等楼盘。学校总信息点数（入网计算机台数）接近 3500 个，初步建成了一个标准、稳定、开放的网络传输平台。该校建起了 41 个多媒体教室、29 个一体化教室，多媒体课件制作中心设施基本满足多媒体教学需求，与其他学院校园网实现部分开放资源共享。

（二）基本应用系统建设

"网上服务"提供了良好的系统支持，现拥有服务器 12 台，包括精品课程、视频点播、网络办公、教学教务管理、机房计费、网络计费、Web 网站发布、Mail 服务、FTP 服务、病毒防护等服务器。现有应用系统包括 OA 系统、档案系统、视频点播系统、机房管理系统、网络计费系统等。

二、智慧校园平台与应用建设内容

该校于 2010 年开始智慧校园建设，建设内容包括以下几方面。

（一）网络融合层建设

在教学楼、学生宿舍楼、实验实训楼进行 WLAN 建设。

（二）硬件支持层建设

该层建设包括中心机房环境建设、主干网络建设、智慧教室建设、校园数字安防管理平台建设。

（三）支撑平台层建设

制定统一信息标准，建设统一数据分析平台、统一身份认证以及接口平台、统一信息门户平台，保障智慧校园的正常实施。

（四）业务应用层建设

该层建设包括 14 个应用系统建设及一卡通建设。

（五）综合服务层建设

（1）深入教学改革，开展智慧教学，提出"线上、线下、职场化教学"的改革模式。

线上：学生自主学习基本知识。

线下：学生分享学习、提问、运用知识解决问题；教师答疑、指导、点评。

职场化：真实环境技能训练和能力培养。

利用教室多媒体系统及教学资源库，通过校内外培训，提升教师数字化资源创建、流通和使用的能力，建成集综合教学网站、精品课程、开放课程、专题资源库、信息化课件、教案和其他数字化资源为一体的网络教学综合平台，利用有线、无线多种网络接入方式，通过笔记本、PAD、智能手机等多种移动终端设备，实现课内与课外、室内与室外、线上与线下结合的多种学习方式。

（2）开发协同办公与决策支持系统。该系统由学校自主开发，对接学校统一数据中心，根据招生系统、人事系统、一卡通系统产生的无序、但有用的大量数据，提炼出一整套的学院基本数据，建立数据字典，确保数据的完善度、权威性，并对这些基础数据进行统计分析，从而为学院在发展决策上提供数据依据。

该系统可以实现以下两个功能。

①明确各部门业务办理任务，减少因业务不熟等造成的冗余工作量，减少重复性工作量，并实现工作过程记录，可追溯、防扯皮，提高教学和行政工作效率，强化服务职能，弱化管理职能。

②实现学院数据字典的建立，可以从系统内查看到全院相关的数据、报表，包括学生数据报表、教职工数据报表、教学数据报表、办公数据报表等，解决远程网络工作审批，实现异地办公，为学院发展决策提供支持。

三、智慧校园建设与实施

（一）网络融合层建设与实施

校园无线网络 WLAN 系统建设是校园网系统的重要组成部分，先期 WLAN 系统首先覆盖了教学楼、办公楼、实训实验室等教学办公区域，后期建设又覆盖学生宿舍区，共安装 2200 个 AP（access point wireless，无线访问接入点）、3600 多个增益天线，基本实现校园主要区域的 WLAN 系统的无缝覆盖，与校园有线网络一起支持和实现了在校园随时随地上网，实现校园普遍信息服务。

（二）硬件支持层建设与实施

1. 中心机房环境建设

中心机房按照国家标准进行建设，分为监控区和设备区，建设主要包括机房工艺、电源配套、综合机柜、消防系统、承重改造、空调等。

2. 校园网主干网络建设

（1）网络设备建设

1）核心层设备。购入核心设备9306和12700、路由器NE40，升级学院出口带宽，增加为2200 M，具有电信、联通、移动、教育网四个对外出口，防火墙为出口设备负责NAT（network address translation，网络地址转换）转换、服务器带宽保障，以华为S12700和S9306交换机为双核心，实现链路冗余和负载均衡，建成千兆以太网主干构架，覆盖两个校区的教学楼、学生公寓等楼盘。

2）汇聚层设备。增加华为S5300系列交换机6台，分别用于办公区汇聚、学生汇聚、WLAN汇聚、滨海校区汇聚，作为网关和链路汇聚点。

3）接入层设备。增加华为S5700系列31台、S2300系列260台，实现与汇聚层交换机千兆光纤连接，每个交换机分别设置环路检测、DHCP Snooping、端口隔离等。

（2）服务器、存储设备建设

增加浪潮天梭服务器TS8501台，浪潮存储100 T，与原先的刀片服务器能实现相互迁移，把刀片服务器中的业务全部迁移到新的服务器中，把早期塔式服务器中的业务迁到刀片服务器中，存储中20 T做备份。

3. 智慧教室建设

该校建设智慧教室43个，授课教师通过刷手机可开启教室控制台，教室内均建设高速无线网络，支持智慧教室内各类智能设备联网，支持教师与学生的实时互动。智慧教室均实现了集中联网控制，可以通过服务器开启、监控智慧教室的任何设备，还可以通过服务器查看各个智慧教室的工作状态。自动录播系统为视频课程录制、网络直播提供支持和保障。

四、校园数字安防管理平台建设

该学院建立了数字安防统一管理平台，并对监控中心和监控系统进行了升级改造和扩容，包括改建电视墙、改造原先的监控系统以及安装新的监控等，工程中建立了由7台液晶电视组成的监控电视墙，能够实现192路视频轮巡监视，而且新装监控摄像头80路，改造原有监控70路，覆盖学院内部所有的公共场所及各楼宇关键部位，学生公寓楼内部达到每层楼的全面覆盖，并实现了联网及存储功能，录像存储时间全部达到15天以上，改善了实时观看监控的效果。

数字安防统一管理平台将校内已有的各类安防子系统实现联网和集成，在监控中心实现对各子系统运行状态的数据收集和分析,对各子系统运行做出指令,从而实现了校园监控系统与报警等其他校园安防子系统的统一管理和联动,初步为校园安防系统智慧化建设奠定了基础。

五、支撑平台层建设与实施

该学院搭建的数据中心平台具备以下几个特点:应用领衔、安全稳定、操作方便、规范统一、灵活易用、扩展性强等。通过数据交换工具,实现数据过滤、分析以及传递,实现了各业务系统的共享和数据交换,为学校教学、科研等提供了交流的平台。

该学院以《数据标准规范》为基础规范,结合学校的实际情况,建立了数据共享规划及规范,不仅能够保障校内各业务系统间的数据共享,更能保证数据的一致性。数据共享的主体包括了代码集(标准的业务系统代码)的共享和数据集(业务系统共享的数据集合)的共享。

(1)业务系统。业务系统主要涉及继续教育系统、教务系统、实验室系统、科研系统、离校系统、门户系统、人事系统、认证系统、信息系统、学工系统、学生收费系统、迎新系统、招生系统、资产设备系统。

(2)教师信息流。教师信息以人事系统为权威数据源,通过数据中心实现校内各个系统的教师信息数据共享。

(3)学生信息流。学生信息的数据流转主要以招生为权威数据源,招生的学生数据经教务进行学生分班、编学号和迎新处理转化为在校学生,而在校学生的信息以教务为权威源进行在校信息的变更,同时通过数据中心将数据共享给其他业务系。

六、统一信息门户设计

统一身份认证平台、共享数据中心、统一信息门户这三大应用支撑平台是智慧校园项目建设的重要组成部分。构建这三大平台能审核登录平台或系统的用户身份,并颁发有效的证书,同时将学校的公共信息和数据在统一信息门户上展示出来。统一身份认证以及接口平台是在统一数据分析平台的基础上,集中统一认证各种应用系统,提供统一的应用系统管理接口服务和集中认证接口技术规范,提高智慧校园的安全性。

(一)建立统一身份认证平台

建立统一身份认证平台可以形成分配权限和控制登录的科学机制。

(二)建立统一信息门户平台

统一的信息门户平台是数字化校园中对各种应用系统集成和部署的平台,它在为用户提供一个统一的信息服务入口的同时,还把分立在各个业务系统的不同功能有效地组织起来。建立统一的信息门户平台可以为师生提供"一站式信息服务"。

七、系统各模块的设计与实现

（一）个人设置模块

个人设置模块主要管理一些个人信息，其中包括账号、身份证号、角色、组织等权威和权限信息的查看，以及邮件、个人页面等信息模块的管理。

我的账号（账户信息管理）主要用于修改个人信息，如邮件、账号密码、密保问题、出生日期、籍贯、照片等基本信息。

我的页面（个性化页面管理）用于管理个人的公开页面或者私人页面的信息。

该模块允许用户添加页面菜单，以及布局和主题管理等。

公告管理：新建、发布公告，可以根据组织机构、用户组或者角色来选择分发的人员；同时可以设置对应的权限，以及公告的时效性等；也可通过直接集成其他应用系统中的公告，在门户中使用 partlet 来显示与当前用户相关的公告信息。

内容类别管理：以组为单元对相互之间具有一定的层次关系的信息分类进行维护。为了方便用户对信息进行查询，需通过采集信息并对这些信息进行分类。信息分类可以利用栏目的形式进行分类，也可以利用信息间的相关性来设置关联关系。

网页内容管理：对网页（内容）的添加、修改、删除、审核等，发布内容将使用 Web 在线编辑器，使用所见即所得的方式，同时可以使用信息模板，配置该内容的阅读者权限，以及该内容的实效性等。

信息模板管理：可以对信息模板进行新增、修改或删除等操作，而且可以定制和管理该模板。例如，一条新闻信息需要被编辑，用户可以通过使用一个 HTML（hyper text markup language，超文本标记语言）编辑工具（类似 FrontPage 软件）对信息模板进行可视化编辑，操作简单、快速。

咨询留言管理：用户咨询（留言）栏目、反馈内容的管理与维护。每个单位可独立配置各自需要的反馈栏目及内容，可以在组织内部讨论。

文档库管理：对门户中所有信息内容所使用的文档进行集中管理，可以方便地为用户提供文档管理、附件下载等服务，同时还可以针对不同的用户角色设定上传空间限制以及读写控制等。

图片库管理：对门户中所有信息内容所使用的图片进行集中管理，可以全方面地为用户提供个人相册、新闻内容图片、外部相册等服务，同时还可以针对不同的用户角色设定上传空间限制以及读写控制等。

信息检索：提供信息全站检索、分类检索、高级检索等检索功能。

布局管理：提供对某个页面布局设定的管理。

主题管理：用户可以查看门户中所有页面的布局和样式信息，门户网站建立后，如果需要多样的网站风格，用户可以根据实际需要，将样式文件以压缩包的形式上传并添加到门户中来。

在线投票管理：添加、修改、删除投票调查内容，管理投票列表，设定投票范围、投票权限等。

组织页面管理：支持创建管理自定义二级学院及多机构，配置机构主页访问的短名称、配置机构个性化 URL（uniform resource locator，统一资源定位符），生成机构访问导航。

网站访问统计：为了更好地了解网站的访问流量信息，分析访问者的行为，必须对门户的访问量进行统计。同时，可以根据这些统计信息，分析访问者的地理位置信息、使用设备的技术参数等。

插件安装：插件是一种按照一定规范的应用程序接口编写出来的程序。很多软件都有插件，插件有无数种，只要适用于我们门户的 partlet 插件都可以安装使用。

日志管理：日志对于安全可靠地使用网络非常重要，门户平台将全天 24 小时自动搜集平台中的所有日志数据，将网络中由任何一个设备所产生的完整的、可靠的日志信息进行全天候不间断地记录和保存。一期中，门户将只对少量用户操作进行记录。

设置管理：一个庞大的门户系统肯定有一系列的配置需要动态的设置，这样管理员管理起来才会方便。

在线监控管理：可以实时查看当前登录的所有用户会话的状态和停留时间。系统管理员可以对用户访问各应用系统的状态进行实时监测，发现并对非法访问事件做出及时的处理，能在事后对出现的问题进行追溯并提供实际有力的证据以追究相关责任。

应用集成管理：在门户内部根据需求对资源进行整合，主要功能是显示应用系统的集成信息。

服务器管理：提供对门户运行状态的监控、配置、清理 VM（virtual machine，虚拟机）缓存和集群数据库缓存等功能。

1. 运行环境

为保障统一信息门户平台软件的运行需求，对其应用支撑环境必须满足以下要求。

（1）统一信息门户平台服务器配置要求：不少于 2 台。

CPU 要求：不少 2.4 GHz，8 M 缓存、4 核处理器。

内存要求：不少于 32 GB。

硬盘空间：300。

（2）数据库服务器配置要求。

CPU 要求：CPU × 4。

内存要求：4 G。

硬盘空间：SAS 146 G × 3/Raid 5。

（3）网络环境要求：局域网或广域网，需要配置防火墙等安全设备。接入端口传输速率支持千兆或以上；接入点具有在线冗余功能，不存在单点故障。

（4）存储要求：采用光纤存储，存储空间不少于 2 T，采用 Raid10。

（5）其他硬件设备要求：硬件负载均衡设备，缓解单台设备的压力；实施服务器交叉备份策略。

2．支持软件

统一信息门户平台推荐使用软件包括操作系统、数据库等。

3．接口规定

利用这些接口用户可以开发出新的模块或应用系统，并可对已有应用系统做集成处理，实现各系统间的无缝链接，具体如下。

（1）定义数据输入、输出接口（主要采取中间表形式）。

（2）应用程序接口：实现外部标准连接接口，连接所有外部应用。

（3）Web 服务接口：支持 SOAP、UDDI、WSRP 等标准协议。

4．业务应用层建设

业务应用层建设包括应用系统建设及一卡通建设。

5．应用系统建设

智慧校园业务系统建设包括教务、学工、OA、校企合作、人事、科研、招生、迎新、离校、职业鉴定、社会培训等系统。

6．校园一卡通建设

校园一卡通系统是智慧校园中数据采集的必要工作，对学校的管理和决策支持具有重要意义。通过一张射频 UIM 卡实现身份的识别，集图书卡、诊疗卡、食堂卡、电子钱包、淋浴、打水于一身，真正实现了"一卡在手，走遍校园"。

7．综合服务层建设

深入教学改革，开展智慧教学—网络教学综合平台，提出"线上、线下、职场化教学"的改革模式。

线上：学生自主学习基本知识。

线下：学生分享学习、提问、运用知识解决问题；教师答疑、指导、点评。

职场化：真实环境技能训练和能力培养。

"网络教学综合平台"是基于认知规律和教学规律，兼顾考虑多种形式课程（包括 MOOCs）建设、日常教学支持、资源库建设、对外展示评审等多方面要求，针对不同学校、不同教学特点开展的多网络环境的交互教与学支持平台。其采用多种接入方式登录，如通过智慧校园信息门户，利用计算机单击登录；通过手机利用无线网络登录。平台的内容广泛，包括了课程建设空间、课程编辑、建设教学资源、答疑讨论、课程问卷、课程管理等方面。另外，可以通过这个平台进行研究性教学，这种教学模式有以下两个方面的特点：以学生为中心、教师设置问题情境；学生自己分组，自由辩论，学生主动发现问题、提出问题、解决问题。教师开展研究性学习的基本步骤是：

创设探究主题、建立学生小组、学生按照小组协调完成任务、教师对学生的探究结果进行评价。而这些环节都可以通过"网络教学综合平台"实现。

利用教师多媒体系统及教学资源库，通过校内外培训，提升教师数字化资源创建、流通和使用的素养，建成集综合教学网站、精品课程、开放课程、专题资源库、信息化课件、教案和其他数字化资源为一体的网络教学综合平台，利用有线、无线多种网络接入方式，通过笔记本、PAD、智能手机等多种移动终端设备，实现课内与课外、室内与室外、线上与线下相互结合的多种学习方式。

协同办公与决策支持系统是对接智慧校园中统一数据平台的一套系统，系统包括学校概况分析、师资概况分析、学生概况分析、教学概况分析、科研概况分析、一卡通系统分析等。通过该系统的实施，可以推进智慧校园的建设，整理出一整套学院基本数据，并确保数据的完善度、权威性，从而为学校在发展决策上提供数据依据。部分数据可以向社会开放，让社会对学校有一个全面、深刻的认知，提升学校的对外形象，增强办学竞争力。

该系统功能具体如下。

（1）统计分析学校的教师情况、设备整体使用情况、部门设备购置情况等，并生成统计报表。

（2）统计分析学校所有教职工及专任教师性别、年龄、职称、政治面貌、婚姻情况、民族情况、获奖情况、班级违纪、课程开发情况等，并生成统计报表。

（3）统计分析学生历年在校总数、性别、年龄、民族、政治面貌、生源地、新生报到情况、毕业生离校情况、系别、专业、班级、缴费情况、指导教师、宿舍情况、违纪情况、社团、就业情况、获奖情况、奖学金等，并生成统计报表。

（4）统计分析教学任务数、上课学时、教师上课人数及人次、学生上课人数及人次、教学概况等，并生成统计报表。

（5）统计分析论文发表情况、科研人员、专利信息、科研项目支出情况、科研项目经费到帐情况、科研项目完成情况等，并生成统计报表。

（6）统计分析学生每天消费情况、每餐消费情况、上课考勤情况、进出公寓情况、进出学校情况、晚休情况等，通过一卡通系统获取学生日常消费信息，然后分析出学生消费习惯，从而指导校园一卡通系统本身的建设以及部门的管理和决策。

①学生消费人数峰值预测：在分析学生使用校园卡消费时，以学校餐厅、商店等消费场所为目标，获得学生消费时段与峰值信息，这样为食堂、商店等相关经营单位提供了一个明显的学生流动和消费的可参照数据，有利于进行人力调配和经营场所管理。

②家庭经济困难学生分析：通过对一卡通交易数据的分析，对学生的消费能力进行分析与分类，将学生用户分为高消费用户、普通消费用户和偏低消费用户，通过这些数据为助学贷款发放的审查、困难补助以及追查恶意欠费等提供依据。

③学生消费行为分析：对用户的消费类型、消费时间、消费地点、消费金额等进

行大数据分析，再结合学生的家庭情况、教育情况，分析出学生的消费行为及习惯。

④学生上课情况分析：对学生和教师的考勤结果进行统计和计算，这时候系统会计算出学生和教师的迟到、缺勤、早退、请假等状态。不同的考勤结果状态会有不同的颜色表示，能够清楚直观地看到人员的考勤结果。

⑤学生在校情况分析：将学生的消费情况、上课考勤情况、进出公寓情况、进出学校情况进行分析，智能获取学生所在学校位置，并生成路径图，为学生出行提供安全保障，为智能安全校园提供保障。

8. 智慧环境与系统构建

（1）智慧校务

1）办公自动化系统。办公自动化系统的建立为全校教职工提供了一个简单易用、高效便捷、安全可靠的办公环境，使信息传递更加安全、高效，简化了办事流程，利用科学的管理手段，消除了传统办公模式的弊端，使管理更加透明、高效。另外，系统具有自定义业务流程功能，并可对已有业务流程进行修改，使各类审批请示工作都可以在办公自动化系统上实现，更加个性化和人性化。办公自动化系统还开发了完备和开放的接口，方便与上级系统之间进行信息传递，同时配合智慧校园其他业务系统，实现信息的统一管理。办公自动化系统的出现，使"无纸化"办公成为可能，为绿色环保校园增光添彩。

2）学生工作管理系统。学生工作管理系统的构建，使学生工作管理人员能够实时了解学生状态，及时给予学生正确的引导和必要的管理。该学生工作管理系统主要对学生的综合信息、学生的思想和政治工作、学生的奖惩信息、资助贫困学生等工作进行统一的管理，为相关人员提供有力的决策支持。

3）邮件管理系统。邮件管理系统的出现，给师生及校友的沟通交流搭建起新的桥梁。该系统支持常用的邮件客户端工具（如 Foxmail、Outlook 等）访问邮件；具有校内邮件召回功能，用户误发送邮件后，通过邮件召回功能可以将收件方邮箱中相应的邮件删除，系统将自动发送邮件提示对方该邮件已被召回；具有邮件跟踪功能，用户发件后可以即时查看信件状态。

（2）智慧教学

1）云教室。传统的计算机教室多数采用 PC 机或无盘工作站，这些设备采购成本高，维护也需要花费大量的人力、物力，所占用的空间也比较大，长期大量使用在能耗上也不容小觑。引进云教室将颠覆传统的电教模式。云教室就是应用了云计算技术的教室管理系统。服务端——"云端"存储了所有的教学资源，每个用户拥有终于自己的云终端。客户端通常采用瘦客户机，其优点为：体积小，只有普通计算机光驱大小；成本低，瘦客户机只是作为连接"云端"的一个跳板，无须太高配置；维护方便，管理员只需操作服务端即可批量安装、卸载软件；节能，瘦客户机能耗小，每年可以节约很多电费；另外还有一个传统 PC 机无法比拟的优点，就是无论何时何地只要能够连接上自己的云终端，教师就可以实现随时随地备课、授课，学生亦可实现随时随地听课、做作业等。

2）智慧学习。构建支持协作学习和个性化学习的智慧学习环境，实现信息技术与教育业务的深度融合，通过运用智慧教学法，促进学习者开展智慧学习，培养智慧人才。另外，智慧教育以学习者为中心，提供微课、电子教材、移动课件、MOOCs 等开放学习资源，支持云学习、泛在学习、无缝学习等学习方式。

（3）智慧科研

在智慧校园中构建智慧科研服务平台，对科研的方向、成果、动态等进行跟踪，对科研工作进行智能管理，可以使科学研究活动的开展变得更为快捷、高效和便利。在科研项目申报过程中，教师申报的过程将会更为便捷，科研项目申请表中个人的基础信息将可以实现自动填报，还能主动推荐合作成员，校内团队成员的基础信息也能实现自动添加。在科学研究活动过程中，智慧校园将提供更加智能的知识管理服务、高效的协同支持服务、便利的科研项目事务管理服务等，使得研究工作更加高效、协同。另外，智慧校园还能实现科研成果的智能汇集和跟踪，如发表论文被引用、检索的自动跟踪，科研成果的自动汇集和统计等。

（4）智慧实验室管理系统

通过使用智慧实验室教学管理系统可以实现高校实验室、实验仪器与实验器材管理的规范化、信息化，提高实验教学特别是开放实验教学的管理水平与服务水平，为实验室评估、实验室建设及实验教学质量管理等决策提供数据支持；运用计算机技术，特别是现代网络技术，对实验室管理、实验教学管理、仪器设备管理、低值品与耗材管理、实践管理、数据与报表等相关事务进行网络化的规范管理。

实验教学系统由课程实验管理子系统和开放创新实验管理子系统组成。

智慧实验室管理系统的优点如下。

1）信息智能采集，便于提高管理效率。

2）对学生实验课前预习、课中实践操作、课后提交报告全程记录，提高学习效率。

3）设备由老师监管和授权使用，自动建立设备使用记录，方便数据统计。

4）寒暑假一键布防，电子封条。

（5）智能教务管理系统

教务管理是大学的主要日常管理工作之一，涉及校、系、师、生的诸多方面，随着教学体制的不断改革，尤其是学分制、选课制的展开和深入，教务日常管理工作日趋繁重、复杂。如何把教务工作信息化、模块化、便捷化是现代高校发展的重点，所以迫切需要研制开发一种综合教务管理软件，建成一个完整统一、技术先进、高效稳定、安全可靠的教学信息管理系统。

智能教务管理系统的优点如下。

1）先进的管理理念：实现数据集中管理和共享，解决日常教学任务中繁重、复杂的工作难题，突显信息化、模块化、便捷化的教学管理优势。

2）多级用户管理：不同用户登录后操作权限不一样，实现分级多角色管理模式，可以增添角色、分配权限，使管理更灵活、便捷。

3）管理功能全面：对管理员、老师、学生的日常教学任务和学生从入学到毕业的信息进行全面管理。

4）系统集成：软件和硬件结合，实时进行信息采集、推送、显示，操作、控制便捷。

（6）智能后勤管理系统

智能后勤管理系统应用物联网技术，采用软、硬件结合的模式，实现信息的实时采集与处理。后勤管理系统不仅可以对教室、公寓和公共区域的水电、灯光、电源远程管控，还可以对水电用量自动统计分析，以及通过场点考勤对工作人员的工作过程进行管理。整个系统使后勤的管理更加完善、更加智能化。

智能后勤管理系统的优点如下。

1）进行能耗分析，有效地起到节能的作用。

2）信息的实时采集和查询。

3）报警、异常等重要信息的及时管控。

4）降低人力成本，提高工作效率。

（7）智能设备管理系统

智能设备管理系统应用物联网技术，采用软、硬件结合的模式，对设备的定位、出入、使用率等情况进行信息的实时采集和处理，实现了设备从购买到使用再到报废整个生命周期的实时管理。整个系统使设备的管理更加高效、更加智能化。

智能设备管理系统的优点如下。

1）设备使用信息的实时采集和查询。

2）报警、异常等重要信息的及时管控。

3）降低人力成本，提高工作效率。

（8）3D/2D 多媒体智慧教室成套子系统

3D/2D 多媒体智慧教室成套子系统利用目前世界上最先进的物联网和 3D 技术，打造了一套集 3D/2D 影音播放、设备管理、教学管理、安全管理为一体的智能系统。该系统硬件主要包括美国 BAILIDA 3D 多媒体信号处理器、3D 高清 DLP（digital light processing，数字光处理）投影机、144 Hz DLP 快门式 3D 眼镜、3D 蓝光播放机、100~300 英寸 3D 全屏投影幕、迷你音响和音吧低音炮、互联网教室考勤门禁、互联网中控、计算机及操作台电子锁、互联网教室灯光控制、互联网电源控制、互联网窗帘控制、物联网无人值守防火防盗系统等。

该系统软件主要包括中控计算机控制台软件、B/S 架构教学管理软件、设备管理软件、安全管理软件等。中控计算机控制台软件具有模式控制、一键启动与关闭等功能，简化了成套设备操作，更方便于教学和管理。B/S 架构教学管理软件具有远程授权控制、门禁考勤、教学排课、操作台电子锁管理、课时统计等功能,可以简化教学管理流程,减轻管理负担。设备管理软件具有远程控制、查看设备状态、统计设备使用率等功能。

所有教室的设备均可通过校园网联网,远程控制。能源管理,绿色节能;资产设备管理,一目了然;人员考勤管理,高效快捷;安全管理,防患于未然。

(9)绿色校园

1)智能植被灌溉系统。

利用物联网技术,结合农业相关知识,建设智能植被灌溉系统。该系统通过传感器感知植被土壤的湿度,自动开启或关闭灌溉,并能根据湿度情况自动调节喷灌量。使用该系统,可以使植被的养护成本大大降低,同时可以避免水资源的过度浪费并能更好地满足植被的需求。

2)智能照明控制系统。

利用物联网技术,建立智能照明控制系统。使用该系统可以设置照明设备的工作时间,如晚上自动开启路灯,白天自动关闭。还可以根据感知室内光线明暗程度,自动调节照明设备到最合适的亮度。例如,在靠近窗户等采光比较好的地方,自动将灯光调暗些;阴雨天光线不好时,自动将灯光调亮些。另外,在教室中还可根据人员所处的位置智能开启灯具,避免过度浪费。

(10)智能安防系统

近年来,校园安全事故频发,平安校园建设成为重要的研究课题。为确保师生的人身、财产安全,建设智能安防系统必不可少。智能安防系统主要包括三大模块:门禁、视频监控、报警。与传统人工看门不同,门禁系统可以准确记录每个出入人员的相关信息,绝无"漏网之鱼"。视频监控可以扫除人工监控盲区,实时监视校园。在发生险情或预测到有险情时将会自动启动报警功能,如在楼顶或水池边设置安全线,当有人员逾越安全线时即启动报警功能。

(11)便捷生活

1)校园手机一卡通。

基于RFID技术的手机一卡通实现了一卡多用,用户只需在手机中安装上RFID-SIM卡,就能实现一机"刷"遍校园,包括门禁系统、考勤系统、食堂、小卖部、看病、图书借阅、乘坐校巴等。

2)智慧图书馆。

通过物联网技术,图书馆能够实现智慧化、人性化管理。利用RFID电子标签,可以存储书架、书车、书本的相关信息。例如,工作人员通过识别书籍的RFID,获取到该书在书架上的准确信息,可以快速将书籍归架。

第四章　大数据背景下的智慧校园建设

第一节　面向大数据的智慧校园建设

　　智慧校园是校园数字化的高级形态，也是校园信息化建设发展的必然趋势，将引起高等教育革命性的大变革。智慧校园建设应从管理层观念的转变开始，管理层需要建立大数据思维，向大数据要效率，用数据说话；夯实基础网络和平台，为大数据的流动提供强有力的保障；加强 IT 人才培养和队伍建设，为不断推进智慧化进程积蓄力量；以大数据为核心、搜索引擎为主要任务、人工智能为根本驱动力，做好网络运维、智能计算以及数据挖掘，加快校园各项事务的数字化转型和智能化处理进程，为高效教学、高性能科研计算、科研潜力挖掘、便利的校园生活提供个性化服务，为科学的管理决策提供强有力的支撑。

　　随着物联网技术和移动互联网技术的深入发展，大数据技术应用而生。如果说计算机数值模拟是继生产实践和科学试验之后的人类认识自然规律的第三种工具，那么大数据技术便是第四种强有力的工具，通过大数据采集、存储和可视化可以还原事物运动的过去和现在，这不是虚拟现实和增强现实，而是事物运动的本来面貌。通过人工智能、机器学习技术和大数据挖掘技术可以推测事物未来运动的可能状态，2016 年 AlphaGo 战胜世界围棋冠军李世石就是一个生动的例子。将其应用在校园管理中即为智慧校园建设的过程。智慧校园建设需要从观念意识上进行彻底的更新，是一个从整个校园活动过程空间到大数据流动计算和结果展示过程空间的"映射"，是一个线上、线下联动，无法区分界限的过程。这必将使整个校园管理、科研教学高效运转和快速升级，使整个校园生活变得更加丰富多彩和有序便捷。

　　当前，对智慧校园的定义、特征、意义、建设技术框架、相关技术、个案以及紧迫性等方面的研究已经非常全面。但是，在实战操作方面还缺乏系统的认识与研究，很多高校在智慧校园建设中仍然感到茫然，不知从何处着手，不知如何布局和展开。因此，本节拟围绕校园大数据，从四个方面提出智慧校园建设的思路和参考实施方案：智慧引领，即管理层的观念转变；智慧基础，即安全的宽带网络建设；智慧主力，即

IT 队伍建设与人才培养；智慧服务，即校园数字化转型的目的。这四个方面可作为智慧校园建设鉴定的参考标准，也可作为智慧校园建设评价的参考标准。

一、智慧校园建设中管理层需重视观念转变，向大数据要管理，让数据说话

智慧校园建设工作能否顺利进行，根本力量是科技的发展和进步，但是管理层重视和观念转变也是一个非常关键的因素，能够起到重要的引领作用。没有校园管理工作的数字化转型，就不可能有智慧校园建设。管理中如何保证公平、公开、公正，管理过程中如何做到科学透明，管理工作的好坏如何评价，管理中如何避免和减少腐败，这些都是管理工作的关键问题。要想彻底解决这些问题，必须依靠智能信息技术，依靠大数据技术。习近平总书记提出要将权力关进制度的笼子，这个笼子一定要用现代科技来编织。管理者对此要有一个清楚而明确的认识，要有为人民服务的高尚情怀以及革故鼎新的政治魄力与勇气。

（一）减少管理的随意性，增强管理的制度化

管理制度化最强有力的手段就是将工作流程程序化。首先，在明确各项工作流程的基础上，制定各项规章制度，做到有章可循，让人人心中明白，什么事可做，什么事不可做，如果可做，如何做；其次，将工作流程绑定到校园网上，任何人、任何时间、任何地点只要打开校园网，工作状态便一目了然。什么事情从什么时候开始，由谁发起，经过几个环节，当前处于什么状态。不仅如此，整个事情的起因、经过、结果（包括对管理部门的满意度评价、意见反馈）也都详细地记录在数据库中。有了这些宝贵的记录，经过大数据分析、可视化，各个管理人员的德、能、勤、绩便一目了然。这样省去了大量的民意调查、民主测评的时间。所有人都是工作流程中的一个环节，每个人都是"用户"，被其他人"服务"，都有进行满意度评价、意见反馈的权利和义务。同时，每个人又是"服务者"，所做的每一件事都是为其他"用户"服务的。所有业务都需在办公网上流转，尽可能地减少或者避免网外作业。这样做的目的是，大家都遵守规则，照章办事，责任明确，上下一视同仁。

对每一次业务的流水客观真实地记录了相关人员的态度、速度和质量。对数据的横向和纵向分析及结果展示反映出所有人及同一人不同时段的表现。如此一来，对每一位职工的评价就减少了某个人的意见影响，突显了群体的意见，提高了评价的公平、公正和客观性。评价结果也不受机构改革、人员调整或者是岗位变换的影响。任何时间、任何地点只要登录校园网，就可以按照不同的授权通过搜索引擎将相关工作记录、德才表现和评价调出。

管理工作的数字化、程序化转型使得靠人情关系圈、朋友圈维持的工作模式失去了发展土壤，让消极腐败行为无处藏身，每个人都要努力做好工作，为其他部门做好服务。

（二）减少纸质文件、报表的传递，加强各类业务流水记录和各类数据的采集抓取

当前管理中全部涉及大量信息表格填写，如个人事项申报、科研成果申报、个人信息登记等，每个管理部门都要求上报信息，浪费了大量纸张，这跟国家提倡的绿色、低碳、环保的办公精神背道而驰。将文件流转的方式固化到校园网上，提倡用电子签章、电子水印、电子密码等方式作为确认、阅读、学习的标记，与电子商务中的支付密码、指纹识别、刷脸识别等确认方式类似。校园内任何地方都可以通过无线终端办理业务、学习文件，然后电子签章确认，这样既提高了工作的便捷性，又最大限度地避免了政治学习的形式化和弄虚作假。智慧校园建设要求校园内每位教职工拥有唯一账号，登录系统后可以填写自己的各种信息，各部门都以相同接口访问信息，保证了所有个人信息的一致性。校园搜索引擎可以以账号为关键字采集和抓取个人行为信息，作为给每个人画像的依据。

长期以来高校中存在的官僚主义、形式主义等落后思想都可以在大数据的应用中逐步消除。①督促检查。以往上级布置任务后要督导检查完成情况，基层临时要补很多假记录，以应付检查，这种形式主义没有什么实际意义，既浪费资源，又浪费时间。管理程序化后，工作每进行一步都要录入系统，日期时间、办公地点都会自动写入流水中，上级可以直接通过系统查看完成情况。这样做不仅可以客观真实地记录任务完成的过程和效果，而且基层还可以养成总结经验的习惯，培养求真务实的品质。②会议记录。以往各种会议，交流学习都需要有记录，这个要求本来对工作进步非常有好处，可是如果流于形式则适得其反。工作程序化后，会议记录可以通过手机 App 及时录入系统，个人心得体会和组织会议内容、形成的决议都可以实时录入系统，还可上传开会学习的现场照片、短视频、个人发言录音等多媒体资料。这种方式不仅可以让开会学习真正落到实处，发挥其应有的作用，而且可以锻炼每个人的口头语言表达能力和书面语言组织能力。

通过采用人工智能技术，可以对开会、学习、工作过程中所留下的图片、文字、声音、视频等数据进行统计、分类、识别、挖掘，很容易对各单位和个人做出客观评价。"大数据智慧"真正使管理人员、教职员工从无意义的、形式化的文山会海中解放出来，避免了不必要的纸质文件和报表的传递。

二、智慧校园建设中需夯实基础网络和平台，做好大数据的采集、传输与存储

（一）有线与无线相结合的宽带数据传输通道

光纤通信有容量大、宽带宽、空间小、保密性好、抗干扰能力强、故障率低等特点，适合建设校园网的骨干网。线路平直的地方可以考虑光纤接入终端设备，线路弯曲复

杂的地方采用双绞线接入、Wi-Fi 接入或者 5G 接入。特别是安全可靠的无线宽带接入网络的建设，使每一位师生、员工都可以用手机、平板或 PC 等终端设备通过无线接入校园网，真正实现移动学习、移动教学和移动办公，进一步提高工作、学习效率。

（二）校园全覆盖的物联网保证数据的全面性

在校园的关键部位，如各建筑的进出口、十字路口、教学楼、实验楼、办公楼通道内安装摄像头，采集校园内人员的行为大数据；在校园内的餐饮、娱乐、医疗、购物点等涉及消费的点安置一卡通终端，记录消费大数据；在教学、科研、实验楼口安装刷脸、刷指纹、刷声音等生物识别终端，记录人员进出情况；在办公室安装统一标准的云终端，将所有日常工作行为拉到虚拟服务器端，本地终端不存储任何资料和数据，这样服务器端可以统一填写每人每天的工作日志，既省去了大量闲置或利用率极低的办公终端设备，同时也保证了数据的全面性和准确性，便于分析挖掘。

（三）分布式文件存储系统保证数据的可靠性

虽然校园网跟互联网相比规模小，数据量小，但是数据种类全，数据的异构性是相同的。另外，校园网内的数据包括日常管理中的业务数据、教学中的过程数据、科研中的成果数据、生活中的交易与交往数据等，这些数据合到一起数量非常庞大，从横向来看，种类多；从纵向来看，每一类数据都是一本随时间记录的流水账。此类大量数据如果采用集中存储，非常不安全，容灾能力差，因此需采用分布式碎片存储，多点备份。而且，大量异构数据也不宜全部用传统的关系型数据库来存储，如大量视频、抓拍的图片、各类业务的流水记录、各种评论、意见、反馈文本及表情等，仅使用传统关系型数据库存储和处理显得力不从心，可以选用开源 Hadoop（HDFS+MapReduce)架构对数据进行统一分布式存储和处理，根据需要选择采用关系型数据库、非关系型数据库、文本数据库、图数据库、视频数据库等。例如，以往的各类办公业务系统，其工作流程数据用关系型数据库存储，可以通过专用工具转入 Hadoop 平台。当前办公过程中涉及的各个环节信息以日志的形式写入 Hadoop 平台的分布式文件中，或以非关系型数据库存储，方便用搜索引擎检索和大数据分析。当然大数据分析还需要对非关系型数据和关系型数据记录进行清洗和集成规范化，创建面向特定业务的数据仓库，而提供决策支持服务还要创建知识库和方法库。

总之，面对智慧校园大数据，需要用到多种分布式数据库技术来存储和处理。

（四）多层防护及防火墙体系保证数据的安全性

"得大数据者得天下"反映出数据对未来工作及相关决策的重要性。那么，保证数据的有效和安全流动便成为校园网网络安全的头等大事，可从身份安全、应用安全、数据安全、终端安全、传输安全和通信安全六个方面层层设防，确保校园网内数据不能轻易流出或被窃取。①身份安全。不论是采用有线通信还是无线通信接入校园网，都需要进行安全登录认证，可采用类似 U 盾的外插硬件认证，如"校园网盾"，外加密码认证，语音、指纹、人脸等生物认证方式，确保登录校园网者为校内人员。②应用安全。校园网内所使用软件只能通过校园网安全下载得到，无法通过其他方式安装，避免不明身份软件进入校园网。③数据安全。其可采取两种方式：校园网终端接入采用虚拟终端方式，所有数据操作都放到服务器的虚拟主机中，这样可将本地计算机中的应用与校园网隔离；校园网数据文件添加数字水印，这样即使不慎将网内数据流出，也不能轻易解读。④终端安全。不论是固定 PC 机，还是移动终端，如 PAD 或手机都采用经过加密处理的定制设备，或者要安装专用防火墙和专用监测软件。⑤传输安全。采用数据流加密传输，如网页文件采用 https 的密文传输方式，防止数据被轻易监听。⑥通信安全。其主要指通信接入的密码认证，如校园无线连接需要进行密码认证，或者生物认证，或者"校园网盾"辅助认证等多种方式，避免接入伪基站。

三、智慧校园建设中需加强人才培养和队伍建设，做好大数据的管理和控制，让其成为智慧的源泉

随着智慧校园建设的不断深入，校园网规模越来越大，承载的业务越来越多，急需整合资源，集成分享，以保证数据的透明流动，减少业务的人为主观因素，提高管理决策的客观性。这些网络设备和平台的运行维护不仅涉及大量的新硬件、新软件，也会涉及大量的新技术，靠某几个第三方公司承包很难胜任，而且弊端太多，如技术含量低，成本高，面对大量的专业应用软件和新技术往往力不从心，有时还涉及保密问题，第三方维护人员不便介入。这样会造成基础网络的重复建设和大量无用投入，平台系统不仅不能发挥其应有的作用，有时甚至使本来简单的工作变得愈加复杂，当然不可能有智慧可言。因此，学校要着力培养自己的运维人员，组建自己的大数据队伍。为此，学校需成立云计算中心，该中心需建立五个研究团队：发展规划研究团队、网络运维研究团队、智能计算研发团队、大数据挖掘与分析团队和在线课程研发团队。云计算中心的主要职能是对外技术引进、技术合作，对内研发、维护适合本学校办学特点、专业特点、管理模式的云计算平台，其组成人员由常驻专职人员和受聘兼职人员组成。各研发团队成员可以是本校受聘的兼职老师，也可以对外聘用全职科研人员。

（一）组建发展规划研究团队，培养高效的网络建设规划人才

凡事预则立，不预则废。发展规划关系到整个智慧校园建设的发展方向，关系到校园网络大数据平台能否稳定高效为教学、科研、管理、生活提供强有力的支撑和便捷的服务。因此，发展规划团队要关注 IT 技术前沿和发展动态，所做的决策必须具有高度的科学性和权威性，提出的建设方案需在相当长的时间内可用，能够使设备高效运作，能保证数据的合理流动及相关业务服务的及时提供。发展规划团队成员不仅要懂专业技术，而且要懂教学并承担一定数量的教学科研任务，还要懂管理，要站在学

校发展的高度考虑问题，做好学校信息化建设的智囊团；定期对学校智慧校园建设工程进行评估，组织各项 IT 工程的招投标和项目验收；定期组织线上、线下网络建设讨论，以充分了解各方面的需求和当前存在的问题。

（二）组建网络运行维护研究团队，培养专业的网络运维人才

网络运维团队负责网络设备监控、校园内网络业务的办理（如互联网业务、虚拟服务器的租用和虚拟终端使用等）及网络质量的定期分析，不断提高网络运行质量，保证大数据产生、传输、存储以及分析结果展示的顺利进行。其具体主要涉及物联网（传感网络，如视频监控设备、定位签到设备、一卡通终端、环境监测传感器等），完成大数据的采集；通信网络，如光纤网（光传输设备、转接设备等），无线网（350 M 移动台、Wi-Fi 接入点、ZigBee 节点、5G 接入点等）、双绞线网、同轴线网等，完成大数据的传输；存储域网，如云存储所用的磁盘阵列，完成图、文、声、视等大数据的存储；服务器网络（互联网服务器集群、校园网服务器集群、高性能计算服务器集群等），保证各项业务的正常进行；各种软件模块、系统、平台正常运行及对其所产生数据的维护。总之，网络运维团队要保证全校网络设备稳定、软件平台可用、大数据安全有效，并对网络运维质量做出评价，定期给出运维报告。

（三）组建智能计算研究团队，培养技术研发和智能计算人才

智能计算研究团队的主要任务有以下三个。

一是高性能数值计算方法的研究及适合本校培养专业方向的实战化数值模拟方法的推进和辅助设计，如计算数学、计算物理、计算化学、计算生物、虚拟现实、增强现实等方法。高性能计算涉及 CPU 内部算数运算器并行计算、多线程并行计算、集群并行计算、分布式并行计算、GPU 协同并行计算以及 GPU 集群并行计算等计算方法。高性能并行计算方法的研究既有利于数值模拟技术的发展，也有利于搜索引擎技术的发展，还有利于大数据分析应用的推进。

二是校园网搜索引擎的引进、研发与维护。搜索引擎是资源集成共享的智能核心，也是智慧校园"智慧"的核心表现。搜索引擎的任务有多个方面：将校园网内所有业务资源集中动态管理起来，成为校园的百科全书，任何涉及本校园的业务或知识都可以在校园网搜索引擎中得到解答。①校园舆情的晴雨表。搜索引擎不断抓取校园网内论坛、教学教务生活管理新闻，以及相关评论，以便进一步通过大数据分析，了解本校师生的舆论动态和情感倾向。②学校科研人员的知音。搜索引擎通过动态监测校园内师生科研信息检索轨迹，分析全校师生的科研价值取向，主动到相关网站抓取最新的资源，保存到校园网内，一方面可以提高科研资源的检索速度和效率，另一方面可以动态地推荐最新科研信息和大家关注的新技术、新成果信息。③互联网访问的智能代理。有些学校对校园网内信息的安全保密要求非常高，采用校园网和互联网物理隔

离的方式，这种方法理论上是最安全的，在一定程度上遏制了泄密事件频发的可能性，但是却不能从根本上阻止泄密事件的发生，也阻止不了校园网内数据的流出；反而客观上需要增购大量可访问互联网的计算机，造成大量资源浪费，互联网的信息又共享不到校园网，给日常工作带来很大的不便。物理隔离并不是信息化建设以及数字校园、智慧校园建设的科学方法。而校园网搜索引擎技术的应用可以承担起互联网访问智能代理的任务，在校园网和互联网之间建起一道屏障，通过这道屏障，从校园网向外看是透明的，从互联网往里看是不透明的，也就是数据只能流入，无法流出。④生活助手。通过搜索引擎可以建立起点对点的安全连接，如校园网到各大银行、证券、大型购物网站等的访问，这样既方便了广大师生的日常生活，同时也可以通过流动的电子商务数据采集分析广大师生的消费观念、价值取向等方面的信息。因此，建设"校园百度"是智慧校园建设的核心内容之一。

三是云计算技术的引进和研发。随着校园与外界交流合作越来越频繁，校园网业务不断增加，如在线课程的推出，使云计算技术的应用成为必须。当前信息技术的发展使得 Web 服务系统成为编程松耦合、模块快速集成和升级、扩展容易的系统，但是人力成本却越来越高，软件维护费用随之大幅提高。校园网上运行的系统不可能仅靠软件公司来维护，还要有自己的研发团队，从事云计算技术的研发和应用开发。再加上开源软件的发展，使自己研发与维护变得更加可能与现实。当然，从整个系统架构来说可以引进大公司的解决方案，但是后期的维护和扩展则一定要有自己的团队。云计算技术是搜索引擎的核心技术，也是在线课程的核心技术，涉及人工智能、机器学习、模式识别和大数据挖掘，是智慧校园建设的核心技术。根据业务往来的流量，可以建设校园私有云、租用公有云或者建设混合云。

为此，智能计算实验室或者人工智能实验室建设就成为必须，用于管理优化私有云、公有云以及混合云建设的顶层设计。

（四）组建大数据挖掘与分析团队，培养高级的大数据分析人才

大数据挖掘与分析团队主要负责面向决策，对监控视频大数据、监控抓拍大数据、校园舆论与意见反馈文本大数据、语音监控大数据、科研人员科研成果大数据、科研人员科研信息检索大数据、教学过程大数据、管理过程大数据等数据进行分类、聚类、统计、汇总、预测分析，最后将分析结果可视化，给出推荐方案和决策建议，定期编写、推送个性化的大数据分析报告。

（五）组建在线课程研发团队，培养在线课程培训、研发、辅助建设的专业人才

未来教育一定是线上、线下混合模式的多媒体教育，是传统课堂与慕课、微课、云课、私播课等多种模式的整合重现。开发多媒体在线课程离不开专业的团队。在线课程研发团队负责跟踪教育领域先进的手段和技术，结合本校实际，跟各专业的团队和老师

一道开发出独具特色的在线课程；负责云课堂系统平台的引进、合作开发和后期的维护，如期将全校所有课程全部上线；与教务处一道设计总体教学环节，考核评价体系，尽可能地减少教学中的人为因素，能够记录教师的整个教学过程，记录学生的整个学习过程；负责教学新技术的推广和培训。

四、智慧校园建设为高校科研、教学、管理和生活提供强有力的支撑和便捷的服务

（一）教学过程的跟踪与监控

对教学过程分两条线进行跟踪。首先，线上云课堂系统，如教师教学资源的准备情况、教学环节的设置情况、作业布置、问题简答、测验分析、学生的学习情况跟踪记录；其次，线下讲课视频录制和抓拍，通过刷脸、指纹、声音等方式记录老师的到课情况和学生的到课情况。

（二）科研能力的评价与挖掘

校园网通过搜索引擎收集全校师生的个人信息，包括科研信息，如发表论文、出版专著、申请专利、申报项目、参加活动等内容。纵向可通过对大量的个人科研异构数据进行智能数据分析，对其科研能力做出科学评价，给出改进建议和更优的发展方向推荐，还可以发现人才；横向可以对科研人员进行考核评比，通过分类、聚类，给兴趣爱好相似、相近的人员提出优化组合、组建团队的建议。另外，将本校师生的教学水平、科研能力和水平与其他院校的师生进行比较，以便更好地评估本校的科研、教学层次和水平，得出更加科学的结论，做到心中有数。

（三）人员行为的监控与分析

一方面，通过线上网络舆论的观察、记录、分析发现异常，发出危险预警；另一方面，对校园内人员进行视频监控，及时发现可疑人员和行为异常人员，并发出实时预警。

（四）内网、外网的连接与转换

出于安全和保密两方面考虑，实现校园网和互联网的安全转接。首先通过多级保护，保证校园网的安全认证。做一个智能代理，可以通过登录认证，进入校园网搜索引擎，提交检索任务，搜索引擎负责访问互联网，并返回检索结果，校园网内用户不能直接访问互联网，确保互联网资源可以通过代理进入内网，内网的资源禁止流出。允许内网用户通过特定方式访问特定安全站点，办理特殊业务，设立发送邮件保密审查电子警察。这样最终既能保证校园网安全独立运行，又能满足广大师生、员工的互联网接入需求。

（五）管理工作的决策与建议

校园管理工作涉及方方面面。通过监控视频大数据，分析各教职员工出勤、参加活动、参加会议情况，作为日常考评的依据；通过个人科研成果记录、奖惩情况记录的大数据分析，为职称晋升提供参考。

智慧校园建设中，管理理念和思维模式的转变是先导条件，"智慧"的物质基础是大数据，良好的宽带网络是保证大数据安全流动的基础，云计算中心是"智慧"的驱动力量，团队建设和人才培养是智慧校园建设得以不断推进的根本保证，而机器学习、模式识别、大数据挖掘和分析、人工智能是智慧校园建设的核心技术，面向大数据的教学跟踪、科研挖掘、搜索引擎、辅助管理决策是智慧校园服务的主要内容。

第二节　大数据时代的智慧校园信息化建设

随着科学与信息技术的不断发展，社会发展水平有了显著的提高，大数据时代也开始真正地走进了人们的生活，而作为教育最基本的传承者校园来说，建设起大数据时代背景下的新型智慧校园是其工作重点，也是满足时代发展要求的当务之急。而如何着眼于智慧校园的信息化建设是所有人需要共同思考的一个问题，这对于海南经贸职业技术学院来说，也同样是一个不可忽视的重量级挑战。故本节结合大数据时代发展下的新特征，对校园的信息化建设展开研究，以海南经贸职业技术学院的智慧校园信息化建设为例。

智慧校园建设这一概念的提出得益于信息技术的快速发展，这也是时代日趋进步下的产物。大数据的应用也开始逐步真正渗透到了人们日常生活中的每一个部分，人们在进行信息交流时更多地开始在网络这个大环境下实现，而一些学习资源的共享也可以依靠大数据实现，这无疑为广大的学者们提供了巨大的便利。因此，对于广大的校园建设者以及教育从业者来说，智慧校园建设也不再是一个陌生的概念，在一些先进的地区已经开始实施智慧校园建设，借助大数据手段，依靠互联网信息技术，将校园数据库处理得更加系统化和完善化，方便校方和师生之间的有效沟通，智能型的校园建设也能够为学生创造一个更加舒适、开放的校园学习与生活环境，有利于学生的健康、全面、协调发展。

一、大数据对海南经贸职业技术学院校园信息化建设带来的挑战

随着信息化技术整体水平的提高，信息系统的不断更新换代也推动了智慧校园信息数据库的不断更新。近些年来，各高校为响应大数据时代下，建设智慧校园的号召，

也积极做出了应有的改变，而就其校园信息技术现在所能达到的水平同快速发展的信息化技术相比较而言，仍然存在很大的差距，这也是高校需要不断增强创新发展意识，学习新型技术用于智慧校园建设的很大一部分原因。就我院校园信息化建设的阶段性进程来看，虽然已经初步具备了一定的校园信息数据库处理能力，但是和现阶段盛行的云端计算处理、大数据库处理技术等还始终存在一些差距，以下主要从来自先进的信息技术的冲击、如何有效融合多业务的挑战，以及校园信息化建设中运作模式更新的新思考这三大方面进行研究。

（一）先进的信息技术的冲击

近些年来，不断涌现的信息化技术对于高校的智慧校园建设提出了新的挑战，这也意味着原有的信息技术已经不能再满足人们现阶段对于大数据处理的新需求，像云端计算信息技术的处理，其数据处理能力以及运算速度都要远超于一般的计算机处理能力，而智能终端的出现也为人们的生活带来了更多的便利，为便捷生活、充分利用劳动力等提供了更多的可能性。以移动互联网和物联网为代表的移动浪潮彻底占据了人们生活的方方面面，这对于校园信息化建设来说也是不可忽略的一大重要组成部分。移动网在校园内的应用不仅是为学生同外界的交流构架起一个更加直接的桥梁，同时也是校园内部和外部进行信息交流互换的有效渠道，而就我院所布置的网络来看，仍然存在局限性，应该更快地响应互联网时代下的新要求，全面升级改进校园网建设。

（二）有效融合多业务的挑战

在数据信息大碰撞的 21 世纪，信息化技术的普及不再单单只局限于一种领域的应用，而开始更多地融入多样的业务以满足人们生活、办公以及教学活动开展的需要，故对于高校智慧校园信息化建设来看，信息技术的应用不仅需要满足学生的日常需求，包括登录教务系统查询、课表查看、报名选修课程等基本业务，同时也要包含校园内部活动近况、最近新闻大事以及学校未来规划动态等要件，同时信息数据库在校园系统内的应用也应当更加注重对于文献的搜集、整合、查询等功能，不断丰富校园知识库，从而满足学生日益增长的对于学习探讨的新要求。多业务的融合具体还需要包括在校园教学中引入更加先进的教学模式和科学的教学信息化管理，从而更加系统化地安排学生的课程学习排表，给予学生更加丰富、人性化的课程体验。而从我院现阶段的教学情况以及校园信息化建设水平来看，还停留在最基础的校园网络建设上，其功能更多的也只停留在帮助学生查课、查成绩、登录个人账户等基础的模块中，而并没有做到数据信息库的充分建设，这也要求学校不断提高对于多领域融入高新发展信息技术的重视程度，强调多方面业务融合的全面发展。

（三）运作模式更新的新思考

一个好的信息化运作模式对于高校的整体发展水平来说有着不可忽视的作用，而如何在信息流不断冲击下找到一个好的运作模式，是很多高校现阶段在建设智慧校园过程中所遇到的一个难点，这和高校数字化校园建设的工程复杂性有着密不可分的关系，也正因为这样，到目前为止也没有一个 IT 公司能够完完全全解决高校智慧校园建设中可能遇到的一切问题。运作模式建设的落后与信息化技术的发展，让绝大部分的高校都陷入了一个进退两难的境地，由于校园内部运作模式的落后，无法快速顺应科技信息技术水平的发展，导致智慧校园工程建设被迫延期，而为了找到一个符合本校发展的运作模式，不仅需要更多地思考科学、可持续性发展所走的路线问题，同时学校也应当吸收更多有才智的教师，打造校园内的智囊团，听取多方面意见，努力达成共识，为学校的运作模式可持续性发展贡献更多的力量。

二、智慧校园信息化的特征

（一）互联网高速发展

互联网高速发展不仅仅是现代化的基本特征，也是智慧校园最基本的特征之一。智慧校园的建设就像其名字所传达的那样，通过互联网技术这个大网络将校园内的人们紧密地联系起来，不仅体现在学习资源的共享上，还体现在通过互联网以及物联网的运用为人们的生活提供了无数便利，如相互之间的交流变得更频繁了，学校超市的互联网结算系统更加发达，可以支持自动结算等。

（二）App 功能智能化

App 校园智能化更多的是建立起人与物之间的联系，有助于帮助同学或者是初次进入校园的人在最短的时间内熟悉校园，这对于校园 App 的智能性服务有了更高的要求，具体可以从智能端所提供的服务来分析，智慧校园中 App 终端的智能化可以体现在将学校的地形结构、各建筑功能区域块进行明确色块的分类上，通过在终端地图上的布局体现可帮助同学迅速熟悉校园，找到自己想去的地方。App 上智能终端的应用还体现在可以将校园内相应的信息进行发布，如在哪里什么时候将举行什么样的活动，最近学校的时间安排，学校课程的适时调整，高校最近举办的考试，等等，都可以通过 App 终端的形式发布出来，让同学们在最短的时间内了解校园动态，响应校园活动的号召，从而更加有助于营造一个人人参与的、和谐融洽的校园环境。

（三）团队协作更加便利

智慧校园信息化建设最直接的便利就是加快了信息交流和传输。有组织、有意识、有目的和计划性的协作活动是人类所特有的表现，也是人类智慧活动下的产物，而随着通信技术的快速发展，对于人们的日常交流以及信息的传达显然提供了巨大的便利。这在校园中也得到了充分的体现，如教师在上课之前可以通过网络信息或者校园系统发布下节课程所需要准备的东西，或者当有突发事件需要请假时，也可通过智慧校园信息网络系统实现科学的快速调课，用最短的时间解决有可能发生的课程冲突等问题。而在高校内对于团队协作的要求也越来越高，更多的教学任务需要由学生们组队完成，这时候教师就可以通过智慧校园的教师端口下发阶段性任务要求，而同学们可以通过校园网络端口了解到目前所需要做的目标任务，从而有目的性的同组队成员们一起完成任务。

（四）知识体系趋于完善

大数据时代下的智慧校园系统的建设从很大程度上也决定了信息交流日趋频繁，从而为知识库的更新提供了更好的桥梁，使得校园信息化数据库内外之间的信息交换成为可能。一方面，学生、教师或者一部分获得权限的校外人员可通过本校的校园信息化系统查询所需要的资料，快速获得所需知识内容或相关文献；另一方面，学生、教师或者一部分获得权限的校外人员可通过校园信息化系统上传有用的资料，经过一系列相关符合规定的审核，即可正式列入数据库系统，成为知识数据体系的一部分，供其他人下一次的浏览查询。

（五）外部社会有效沟通

学校的教学管理以及教师的授课模式等都应当主动与外界接轨，保持学校资源同社会先进资源之间的紧密联系。智慧校园的信息化建设，其中一部分就包括了同社会中先进的教学资源相联系，学校可通过和一些国外优秀的学校建立起友好的合作关系，定期交换师资力量，让本校老师去一些先进的机构和学校学习新的东西，不断更新教学理念以及教学模式，为学校教育注入更多的新活力。强调学校和外部社会建立起有效的沟通桥梁，还包括实时根据社会最近所发生的新动态以及国家教育标准最新发布的动态实时改进学校教育方向，真正做到学校与社会先进力量的接轨，从而建立起一个基于大数据时代下符合时代发展总体趋势以及教育改革标准方向要求的智慧型校园。

三、大数据背景下的智慧校园建设方向

（一）培养智能性全能人才

大数据时代背景下对于智慧校园信息化建设提出了更加明确的要求，从学校作为开展教育活动的最基本途径这一基础来看，始终关注学校的教育职能是时代发展下

学校的一个永不过时的发展方向，也是国家教育标准所提出的一个总领任务。因此，智慧校园的信息化建设也应当始终将学生的培养置于一切工作的总出发点和利益的中心点，更多地关注学生的全面、健康、可持续性发展，并结合时代发展的新特点，把培养智慧型校园人才作为智慧校园建设的第一要义。同时要求教师在教学过程中运用更加创新、现代化的信息科技手段完成课程设计，鼓励教师更多地将 AI（artificial intelligence，人工智能）等技术运用到课堂的讲解上，让学生更加近距离地感受科技的力量；在教学评价过程中，要求学校更加注意到教学活动应当是由教师的教和学生的学共同完成的，故对于学生的成绩评定要更多地结合课程相关活动的表现，以及平常在课堂上的参与程度，给予更加客观、全面的综合性评价；在学校除基本学科课程安排之外，要求结合不同专业的特点以及在社会上所处的一个情况给予评定，主动和社会上有关优秀的企业进行联系，给予学生更多的社会学习经历的机会，促进学生的学在社会上有所体现；智慧型校园信息化建设对于智慧型校园人才的培养，还要求更多地给予正确的人生观、价值观的指导，以保证学生能够从多个角度、多个领域去认识和理解世界，有助于培养出跨领域的全面智慧型人才。

（二）建构服务性质的校园

最终如何衡量智慧型校园的建设价值，从很大一部分上来看可通过对智慧型校园信息化建设的服务性职能的实现来评定，其服务性职能越成熟越能够体现该校园智慧型信息化建设体系的完善，因此除了将知识性的教育以及智慧型人才培养作为智慧校园信息化建设的目标，同时还应当着重强调学校智慧信息化系统的服务性职能的建设，具体可以从以下三方面实现：第一，利用科技信息化手段加快学校科研研发进程，将科学研究成果运用到社会服务上，更多地运用科研成果推动社会经济的发展，有效实现科学再生产；第二，凭借大数据时代下的信息手段，以学校为主体面向全社会更多地开办免费的公开课程，包括学科类型的讲座以及科学、人文素质相关课程的发布，让全社会能够通过网络公开课的新形式同时享有知识学习的权利，推进智慧型社会的全面建设；第三，要求学校利用长期以来所积累下来的科学研究成果，以及一些有价值的文献资料，为国家政策的制定提出宝贵的意见，将智慧型高校真正地打造成一个为社会和国家服务的智囊团，从而促进国家政府做出更加科学、民主、符合时代发展要求的决策，为全社会的进步以及国家的健康、持续性发展贡献一份力量。

（三）促进文化创新性传承

智慧校园的建设除了强调对于信息化技术的应用，响应时代发展的新要求，同时也包括了对于我国优秀民族文化的教育、传承与创新，这始终是广大高校在开展学校教育时所需要重点关注的一个问题，也是在开展智慧校园信息化建设中所需要重点关注的一个发展性问题。一方面，学校可以建立起智慧校园网络系统，加强对于学生政治思想文化的教育，营造健康向上的校园文化；另一方面，学校可以通过网络向外界弘扬健康的思想文化，发扬中华优秀传统文化，树立民族自信，展现新时代下的校园精神。

四、智慧校园中信息技术的应用

（一）知识管理

校园最基本的职责依然是教育，故如何有效实现知识性内容的贯彻教育始终是学校需要重点思考的问题，而在智慧校园的建设中强调对于知识性内容的管理，主要体现在对于已有的知识性内容的有效分类整合以及管理等操作，将智慧校园系统内所包含的文献以及可查询的资料定期进行整理，可适当设置管理员对其进行负责，将新创造的文化内容增添到数据库中，及时更新知识库。

（二）社交平台

网络社交的信息数据流通占据了现代人信息交流的重要部分，这也和大数据下更为庞大的信息数据网有着密切的联系，随着时代的快速发展，更多的人开始选择通过社交网络平台来实现信息交换，而不是像传统的那样面对面地交流，故从网络社交这一领域所带来的巨大流量和隐藏的财富，以及参与人数的总量之大来看，抓住社交网络这一大平台，作为大数据背景下智慧校园建设的关键性组成部分，是极为有必要的。并且，网络社交平台的打造，为校园内师生之间、学生之间、学校与师生之间的交流都提供了一个更大的平台，更有利于学生之间的信息交流以及知识内容的互换，从而为智慧型校园打造了一个知识性内容交流更为融洽的大环境。

本节结合大数据时代发展下的新特征，以及时代发展下对于信息化建设提出的新挑战、智慧校园信息化建设的主要特征、大数据背景下智慧校园的建设方向，展开深入的探讨与分析，提出有助于智慧校园信息化建设的宝贵意见，从而促进学校建设的稳固发展，希望能为智慧校园信息化建设提供有力的帮助。

第三节　大数据时代的智慧校园构建研究

进入信息化的大数据时代，智能化不断深入人们生活中的方方面面，在这样的时代背景之下，智能化的智慧校园的构建显得尤为重要。本节以大数据时代为背景，对于当前智慧校园的构建原则和策略进行了探究。

所谓大数据指的是无法在限定的范围内用常用的计算软件工具进行抓取、管理和分析的数据集合，必须要借助与传统处理模式不一样的新处理模式才能挖掘、分析并为决策提供科学支持的信息资产。大数据的特征鲜明，不仅数据的数量非常大，种类也是非常丰富，同时数据的传播速度相比传统方式显得更迅速。正如徐子沛所说，大数据的大，不仅是容量非常庞大，更重要的是交换、整合和分析大量数据，以发现新的知识和创造新的价值，带来"大智慧""大发展"。

　　"智慧校园"是在数字校园基础之上的进阶形态，在数字校园的基础之上利用云计算、大数据和物联网等新兴科技信息技术，并通过各种智能应用终端和应用软件的普及使用，将校园里的各种数据整合到一起，从而形成便于教师和学生处理各类事务的校园环境。智慧校园的构建目的是更好地服务教师、服务学生，依托信息系统变革校园生活中各个个体之间的交互方式，最大程度发挥系统的"智慧"，提高学校教学管理的效率，增加师生服务的满意度。智慧校园的最主要的特征在于它的"智慧性"，充分利用大数据，将分散的各个部门的资源数据整合到一起，实现校园各部门业务系统之间的数据同步和资源共享。智慧校园提高了人与人之间、人与校园资源之间交互的时效，提高了教学管理、行政办公的效率。当前智慧校园的普及程度越来越高，各个学校对于智慧校园建设的重视程度也在不断提高。伴随着信息时代的浪潮，我国智慧校园建设的成果已经开始显现，智慧校园的应用系统也已初具规模，并且形成了庞大的数据库，智慧校园建设相应的硬件设施也在逐步完善中。

一、大数据时代智慧校园面临的机遇和挑战

（一）大数据时代智慧校园面临的机遇

　　大数据给我们的生活带来了便捷性和时效性，大数据背景下的智慧校园是一种特殊的校园环境，它集合了如人员、设备和环境等多种因素。智慧校园的基础是注重感知的物联网,这也使得智慧校园环境相比传统校园环境显得更加智能。从技术角度来看，智慧校园利用信息技术进行更全面的校园信息管理，当前不断普及的智慧化便携设备和移动社交平台为智慧校园的建设提供了现实基础，多重机遇也预示着当前的大数据时代是智慧校园建设和发展的最好时代。

（二）大数据时代智慧校园面临的挑战

　　随着大数据时代的到来，各种各样的信息充斥着互联网，出于信息安全的考虑，教育资源信息大多都有访问限制，这也导致了教育资源获取困难。因此，在智慧校园构建时必须对此问题有明确的认识，通过优化处理教育资源信息来提高教育信息的可见度。

　　就智慧校园目前的建设情况来看，在各级学校的信息传播过程中，仍然存在沟通方式单一的现象，这也使现有的教育信息无法满足智慧校园建设多元化发展的需求。

例如，学生通过移动终端浏览教育资源，操作过程比计算机更复杂，因为移动端口上可用的教育资源是有限的，也就是说在其他数据环境的影响下，很难及时发现一些教育资源。

在大数据背景下，各式各样的信息充斥着网络和媒介，这也对数据传输速度和处理速度有了更高的要求，力求更快更好。多数学校都希望建立自己的信息资源数据库，但是由于目前的信息传播渠道大多过于狭窄，建立完善的信息资源数据库的目标难以实现。同时，对于外国媒体教育资源的收集不足，也使其在信息查询过程中受到限制，这些问题都是制约智慧校园建设和发展的因素。

二、大数据时代的智慧校园构建原则

（一）秉持以人为本的核心原则

建设智慧校园的最终目标是为学校的师生服务。因此，在建设智慧校园时，必须坚持以人为本的建设原则，以满足师生的需求为根本目标，依托校园网、物联网、大数据和云计算等现代信息技术使校园生活更加"智能化"。总之，在大数据的时代背景之下，我们要构建的智慧校园体系应该秉持以人为本的服务性理念，以有效地解决师生在校园的各类需求为宗旨。在构建智慧校园时，只有始终坚持以人为本的原则，合理规划，才能不断推进智慧校园的建设。

（二）依托大数据的共享性原则

大数据的主要特征之一就是其数据的共享性，在此基础之上，智慧校园体系构建时也应该有共享意识。大数据时代不仅是信息的概念，也是观念的概念。如果继续保持传统的各自独立的观念，那么人们很难真正进入大数据信息时代。目前智慧校园的建设与共享的概念密不可分，在这样一个共享的时代，智慧校园共享的数据种类越多，形成的有效数据才能越全面，智慧校园才能实现它最大化的实用价值。

（三）坚持管理一体化的整合性原则

智慧校园建设的目标是为整个校园的教师、学生和管理人员提供信息服务平台。为了便于管理以及更好地服务师生，在构建智慧校园时要注意整合所有的有效资源，形成完整的教学管理一体化平台。智慧校园的建设是一个漫长的探索和实践过程，是教育管理与信息技术高度融合的产物。这是一个涉及教学、研究、管理和生活的庞大系统工程，涉及的业务范围广、职责分工细、业务单位多，这也对构建一体化的智慧校园提出了要求。在顶层设计时应考虑到整合性的原则，充分地利用并整合现有资源，避免不必要的再次开发，完善智慧校园信息化建设，努力营造智能、便捷的智慧校园环境。

（四）倡导智能化的便捷性原则

智慧校园是由多种不同功能的智能空间组成的，如智能图书馆、智能教室等，智慧校园的构建是以更好地管理以及更好地服务师生为宗旨，其中便捷性应当是智能化的原则上的设计重点。便捷性设计是指在智慧校园建设中如何发挥智能、如何体现智能都必须在顶层设计中体现出来。智慧校园体系的构建应当重视学校最根本的教与学的融合，在教学过程中融入新一代的信息技术，努力实现"每个人都学习，可以随处学习、随时学习"的理想状态，在构建时强调应用系统与网络应用并重，同时充分考虑到用户的便捷性感受，选择成熟、智能、实用的产品，充分满足广大师生的日常使用、教学管理、科学决策以及信息自动化等方面的需要。

（五）遵循合理化的科学性原则

信息技术的发展日新月异，智慧校园的构建包含了系统规划，协调技术、环境、资源和人员之间的关系，构建建设模型等多个方面，从多元视角展示了智慧校园建设项目的合理性、科学性、服务价值和目标实现。智慧校园系统是基于计算机网络信息服务、智能传感环境和大数据信息的交互式应用平台，它还提供了学校与外界之间相互沟通和相互感知的界面。因此，智慧校园的建设必须遵循合理化的科学性原则，这也是最大限度提高教育和教学效率的保障。

（六）注重感知体验的服务性原则

物联感知是智慧校园体系构建中的关键所在，没有感知就无从产生智慧。在智慧校园构建时，只有充分注重用户感知体验的应用才能实现效率最大化。智慧校园构建中的感知包括环境感知、身份感知、位置感知、行为感知、情感感知等，其中身份感知最注重用户的体验性，在做顶层设计时应充分体现以人为本、为人服务的原则。在智慧校园体系中只有感知到身份，后台的大数据才能针对性地推送非常个性化的内容，才有可能做到智慧，提供智慧的信息推送和贴心服务。

（七）重视信息保护的安全性原则

伟大的思想家马克思曾经说过："技术的胜利，似乎是以道德的败坏为代价换来的。随着人类愈益控制自然，个人却似乎愈成为别人的奴隶或自身的卑劣行为的奴隶。甚至科学的纯洁光辉仿佛也只能在愚昧无知的黑暗背景上闪耀。"这也生动地说明了新科技理论带来的"双刃剑"效应。大数据信息时代为人们的生活提供了便利，也伴随着信息安全风险。有研究表明，大数据发展到现在，关键的问题就是信息安全问题，尤其是个人隐私信息的保护问题。在这样的一个背景之下，如何保护好智慧校园中的个人隐私信息是智慧校园构建时需要解决的关键问题。因此，要想使得智慧校园更加"智慧"，在设计构建之初应充分考虑到安全性原则，完善数据安全管理体系，确保智慧校园信息安全，促进学校健康发展。

三、大数据时代的智慧校园构建策略

（一）立足学校实际，明确构建方向

智慧校园建设的目的是更好地服务广大师生，因此在智慧校园的构建之初应充分了解本校的实际情况和本校校园管理教学的需求，密切结合本校的实际情况来设计。不同的学校有不同的教学管理制度，智慧校园的建设要充分结合本校的教学管理制度来设计，立足学校的实际情况来明晰构建方向。智慧校园的建设是否成功，不在于建设的规模大小和投入的资金多少，而在于是否能够立足于本校的实际情况，发挥智慧校园的"智慧"性。

（二）优化智慧校园顶层设计结构

智慧校园的构建涉及的范围广泛，在顶层设计时应充分了解用户的需求，做到科学合理的设计。"以人为本"是智慧校园内涵的核心精髓，只有充分理解了智慧校园的内涵，才能使顶层设计结构更加合理高效，充分发挥出智慧校园体系的优势。在制定智慧校园的顶层设计结构时，应多做实地考察，也要充分考虑到整合资源、共建共享、统筹规划等原则，避免不必要的再次建设。

（三）制定、完善智慧校园统一标准

智慧校园的构建涉及的部门众多，涉及的范围也比较广泛，所以在构建时应当有相应的建设标准，以便能够更好地整合有效数据资源。每个学校的教学管理部门众多，为了提高工作效率，应在学校层面上建立统一的标准。一方面，有了统一的标准可以使得智慧校园的管理和系统更加规范，更好地实现学校部门之间的数据交换与共享，提高工作效率；另一方面，将学校各个部门和系统的数据接口以及认证标准进行统一，让广大师生只用一个账号就能登录所有的系统，既提高了师生的体验感，也提高了工作效率。

（四）加强智慧校园建设的运行监管

智慧校园的建设为学校师生提供了一种便捷性的校园环境，但是一个好的智慧校园环境除了需要日常的维护和建设，也需要制定相应的运行监管机制。在建设智慧校园的过程中，学校的管理层自上而下对智慧校园系统进行有效的监管非常重要，尤其是学校高级管理层的参与可以有效地做好校园之间各个部门的内部协调和沟通，可以对现有的智慧校园体系进行监管，以便各部门能更好地在智慧校园的环境下开展工作。

智慧校园的建设是一个漫长的探索和实践过程，它涉及教学、研究、管理和生活各个方面，涉及各智能部门的业务范围、职责分工以及业务部门的功能调整，也涉及业务流程的整合与改造，是一个庞大的系统工程。在大数据的时代背景之下，智慧校园的建成并不是一蹴而就的，我们必须把重点放在以人为本、以教学为导向、以用户为中心的顶层设计上，并将更多的"智慧"融入智慧校园系统的构建中，只有这样才能持续推动智慧校园的建设和发展。

第四节　智慧校园的大数据安全研究

随着智慧校园建设的蓬勃发展，其系统数据量呈几何级数爆发式增长，海量数据的采集、传输、存储、挖掘、审计、应用和发布等环节面临巨大的安全挑战。通过分析研究智慧校园中大数据存储、应用、管理的安全策略，可以建立起智慧校园大数据安全体系，使其在法律框架内科学合理地使用大数据，解决大数据开放与信息安全防护之间的矛盾，使大数据安全技术成为智慧校园正常运行的根本保障。

目前全球教育正不断走向国际化、开放化、智慧化，而实现教育智慧化、国际化需以建设智慧校园为导向。智慧校园是将智慧教育与信息化融合的一项庞大、复杂的系统工程，大数据技术为其提供了极佳的技术支撑。随着智慧校园的蓬勃发展，其系统的数据量呈几何级数爆发式增长，与此同时大数据的发展又需不断加大信息的开放度，这便使今后的 IT 基础架构变得越来越一体化和外向型，这种趋势对海量数据的采集、传输、存储、应用、发布等操作的安全构成了前所未有的威胁，一旦智慧校园的大数据系统安全防护不当，使敏感数据被恶意窃取，造成信息泄露，重则危及国家安全、影响社会稳定，轻则造成学校管理混乱，导致学校管理层决策失误，直接影响到学校未来的发展。同时大数据系统安全防护不到位还可能造成教学或科研信息被恶意篡改，直接导致教学和科研无法正常进行。本节将从构建智慧校园大数据安全防护架构出发，通过分析智慧校园大数据安全所面临的威胁，提出相应的对策。

一、智慧校园大数据安全面临的挑战

（一）数据采集、存储方面

智慧校园的数据来源多、增长速度快、数据量大，通常数据量大于 PB(拍字节)。这就需要对智慧校园采集的数据进行安全分析评估，既要保证数据来源的真实可靠，又要防止信息泄露，确保信息安全。大数据存储采用多节点分布式存储的方法，当单一节点发生故障时，数据查询将会转向其他节点的可用数据，这就为非法入侵提供了便利，提高了智慧校园大数据被窃取或被病毒感染的风险。

（二）数据传输方面

智慧校园中多种类的海量数据需使用云存储技术在云中进行存储，而将数据传输到云中存储，云的安全存储技术是智慧校园安全系统无法控制的，这将导致校园安全系统对安全边界外的数据失去控制，从而增加了数据保护的难度，因此如何保护校园敏感信息在数据传输过程中的安全是一个亟待解决的问题。

（三）数据审计方面

智慧校园的数据量庞大，数据结构复杂，且数据类型多样，审计人员难以确定审计重点，不能在短时间内全面了解和掌握数据的内涵关系，大大增加了审计难度。

二、智慧校园大数据应用安全策略

（一）加强和完善大数据安全管理

从国家层面完善基础设施安全、个人隐私保护、数据安全流动等方面的法律法规建设，在法律框架内科学合理地使用大数据，协调并处理好大数据开放与信息安全防护的矛盾。基层单位要建立健全合理的规章制度，从制度上保障大数据的应用安全。

（二）严格规范大数据的建设标准和运行机制

大数据搭建是一项有序、动态、持续发展的系统工程，规范的建设标准和运行机制能够确保大数据在统一的安全规范下可靠运行。

（三）建立一个以异质数据为中心的安全管理平台系统

通过统一管理平台系统，保证大数据的安全访问。在保证使用效率的前提下，实现数据的隔离性、保密性、完整性、可用性、可控性和可追溯性，实现智慧管理与应用。

（四）实施严格的安全控制等级

可根据大数据的密集程度和用户需求的不同，将大数据和用户分层设定为不同等级，原则上根据数据信息安全要求划分为高、中、低等级。例如，涉密科研攻关项目和高等级考试的试题等为最高安全等级；学校的试题库和科研信息等为较高安全等级；教工和学员信息为中安全等级；部门名称和设备名称为低安全等级。按照不同等级的信息安全要求，对数据流主客体、数据访问权限、用户的登录、访问行数、违规行为等进行严格的控制，并贯彻国家对信息进行分级管理的保护制度。

（五）制定大数据安全访问策略

在安全等级保护基础上采用基于风险标签的大数据安全访问控制策略。该安全策略集成了主动捆绑（active bundle）、基于角色的访问控制和基于属性的访问控制，可根据自身数据的安全需求和具体实际应用环境给数据设置相应的安全标签，从而实现不同数据对不同用户的安全映射访问。安全标签包括数据类型、安全等级、副本数、访问策略、风险标签、数据生命周期和散列值等。

（六）全面提升安全防护能力

隐匿的网络攻击总会留下痕迹，利用大数据技术对海量数据进行分析，能够发现网络的异常行为，并迅速、准确地找到攻击的源头，有针对性地快速应对安全威胁。

三、智慧校园大数据安全防护平台建设

基于对大数据存储、应用、管理等安全策略的综合分析，建立以三大模块为主体的智慧校园大数据安全防护平台：数据采集及敏感信息保护模块负责数据的集中采集、敏感信息的加密与转换及分等级共享，同时对采集数据进行标准化和分类统一管理；数据分析、加工、挖掘模块负责对大数据进行分析、加工，提取挖掘更加有深度和广度的计算结果；数据安全应用审计和维护升级模块负责保证信息安全和安全平台正常稳定地高效运行。

（一）数据采集安全技术

大数据利用分布式技术采集大数据，在采集过程中可能存在数据损坏、数据丢失、数据泄露和数据窃取等隐患和威胁，应采取身份认证、数据加密和数据完整性保护等安全机制来保证采集过程的安全性。

（二）大数据存储安全技术

1. 大数据的加密

大数据的存储主要是通过云存储技术来存储各类数据资源。在云环境下，大数据的加密必须采用同态加密算法，因为大数据被云文件系统切分成 64 MB 的小数据块后，原来用传统技术加密的数据将无法使用解密密钥进行解密。而同态加密算法可逆，可同时达到加密和解密的目的。使用同态加密技术加密的数据在检索、比较、存取和分析等操作过程中仍能得出正确结果，而在整个运算过程中无须对加密数据进行解密，从而从根本上解决了大数据存储及其运算操作的安全问题。

2. 数据备份、恢复和并发控制

为了防止系统故障或被攻击而导致重要数据的丢失或损坏，可通过数据的容灾备

份和恢复机制、并发控制机制确保恢复数据与原始数据的一致性,并使用事务日志保证修改的完整性和可恢复性,实现数据存储的安全防护。

(三) 传输数据安全技术

1. 传输机密性数据要加密

数据加密性检测的目标是检测物联网中传感网络通信时传输的数据是否加密。因无线传感网的网络节点暴露在外部环境中,无线接收装置能够很容易地在接收范围内接收节点发送的数据信号。如果节点间通信是非加密的,势必将造成通信数据的泄露,所以必须检测通信数据的机密性,用专业的捕获设备对传感网中传输的数据进行捕捉,然后根据协议对其帧进行解析,判断该通信是否为密文形式,若非密文,则要对非加密数据进行回溯,对未加密的数据进行加密,确保重要数据的无线传输为密文形式。

2. 数据的完整性与一致性检测

如果数据在传输过程中缺损或被非法篡改,后果将不堪设想。数据的完整性与一致性检测可以通过解析捕获到的数据包,对其进行解析,找到保障数据完整性的字段,准确辨识出缺损或被篡改的数据,并将其丢弃,要求重传原始数据,保证接收者收到的数据是原始的数据。

3. 数据网络过滤

使用网络过滤器对传输的数据进行监控,一旦发现被标识的数据离开了授权用户网络,就会自动阻止数据的传输,从而有效避免数据的渗漏。

(四) 数据失真 (distortion) 技术

该技术是对数据进行扰动 (perturbation),让数据失真,使攻击者无法根据失真数据还原出原始的真实数据,实现对真实数据的隐藏与保护。

(五) 数据挖掘安全技术

数据挖掘是大数据应用的核心,它融合了数据库、人工智能、机器学习、统计学、高性能计算、模式识别、神经网络、数据可视化、信息检索和空间数据分析等多个领域的理论和技术。通过对数据分析与挖掘,从大数据中挖掘出各类黑客攻击、违规操作、内外部威胁源等安全事件,及时发出安全报警和做出动态响应。例如,利用深度学习算法对大数据进行多维度分析,可发现攻击者各类潜在的低层局部特征、区域组合特征和高层整体特征。

(六) 数据发布安全技术

1. 安全审计

安全审计是指完整地对事件进行记录、管理、归类、存储,事后对收集的安全事件进行分析、查询、统计，以及挖掘数据背后的潜在知识模型，用于后续的入侵检测（发现潜在的攻击行为等）。其核心作用是对攻击行为进行准确记录，对安全事件进行追溯，查清事故责任的归属。

2. 数据溯源

经过严密的安全审计，还可能出现疏漏，因此安全防护系统中必须有数据溯源机制，在数据发布后，一旦发现涉密和隐私信息泄露之类的数据安全问题，数据溯源机制迅速回溯到出现问题的环节，准确定位，迅速对泄露环节进行封堵，追查责任者，杜绝类似问题再次发生。

（七）防范高级持续性威胁 (APT) 攻击

APT（advanced persistent threat，高级持续性威胁）攻击具有极强的隐蔽性、长期的潜伏性、攻击的持续性、攻击路径的不确定性、攻击技术的先进性以及对信息安全巨大的危害性等特性。窃取目标组织的机密信息是 APT 攻击的明确目的，APT 攻击普遍采用 0day 漏洞获取权限，其效率和能力明显高于普通的攻击，且攻击方法和技术不断优化。在大数据应用环境下，APT 攻击的安全威胁更加突出，可借助大数据技术实时、高效的处理能力，来设计实时检测、全面监控采集行为的安全审计方案，通过对入侵检测系统日志文件进行大数据分析，及时采取应对措施，有效抵御 APT 攻击。

四、融合大数据安全的智慧校园大数据平台

大数据安全平台中的安全管理系统可通过采集大数据应用平台的配置信息，得出相应的安全基线，建立安全基线自学习机制，对大数据平台进行自动监测，并将监测结果与基线进行比对，有效监测大数据应用平台配置信息的变更，迅速发现系统操作的异常行为，及时还原原有的安全配置，确保智慧校园大数据应用平台的安全。

智慧校园使教育走向智慧化的同时，其大数据安全面临着前所未有的挑战，因此智慧校园安全防护体系建设非常重要。

第五节　大数据时代的智慧校园平台设计

随着我国经济、文化的快速发展，在我国的高校校园中，便携笔记本、PAD、手机等各种终端移动设备为学生们广泛地运用，对于高校学生们来说，手机和其他相应的移动设备是学习过程中必不可少的工具。因此，在信息化高速发展的今天，在大数据背景下进行智慧校园平台建设变成了检验学校办学水平的相应指标。本节主要研究了基于大数据的智慧校园平台设计与应用，文中首先分析了基于大数据的智慧平台

设计思路和目标，其次对基于大数据的智慧平台的规划设计和具体应用进行阐述，为我国的智慧校园平台设计与应用提供了一些参考。

目前我国教育部门的信息发展规划中指出，需要基于大数据技术建设物联网智慧校园平台，在智慧校园平台建设过程中需要坚持以大数据为基础，以业务与模式拓展为起点，以学生在校需求为驱动力，赋予校园信息准确化、持续化、精准化的特征，这样就可以更好地通过智慧校园平台来服务教学、服务教师以及服务学生等，通过智慧校园平台的标准化建设更好地促进我国高校校园体制文化的发展。

一、基于大数据的智慧校园平台设计思路和目标

（一）智慧校园平台设计思路

智慧校园平台在建设过程中要坚持在大数据技术的背景下，对传统的校园模式进行创新和完善，主要有以下四点设计思路。

（1）在智慧校园平台设计过程中需要坚持以"构建全面校园网络平台"为建设目标，在校园中通过有线、无线主干网络对校园内部的业务系统流程进行模拟，在对智慧校园平台设计时，需要以服务师生的角度重新构建智慧校园平台中的业务系统流程，加强对校园内部静态数据的采集，借此提高智慧校园平台的服务响应速度，使师生在校园智慧平台应用过程中获得满足感。

（2）在智慧校园平台设计过程中，设计者需要坚持以"移动端业务系统"建设为核心，赋予智慧校园平台细微化服务、便捷性服务等一系列应用特点，这样就可以让智慧校园平台在应用过程中全面提高校园服务的品质，从而保障校园中的各项"碎片化"服务。

（3）在智慧校园平台设计过程中，设计者需要坚持"一个数据中心"的思路，在智慧校园平台建设中通过一个固定化的数据中心，对校园内部的数据进行采集、交换、储存、分析和清理，同时在数据处理过程中还需要采集校园内部的伴随式动态数据，并将智慧校园平台中不同业务系统的静态数据与动态数据进行混合，从而实现综合化的数据清理工作，提高智慧校园平台应用过程中的数据安全性。

（4）在智慧校园平台设计过程中，设计者需要坚持以"一个核心"的思路建设智慧校园内部大数据分析和决策辅助系统，通过智慧校园平台中的核心系统可以对相应的数据进行定时的推送、展示和利用，全面提高智慧校园运行过程中的精细化与层次化。

（二）智慧校园平台设计目标

智慧校园平台设计过程中，设计方需要紧紧地围绕着智慧校园平台建设过程中的实用性、可靠性和经济性的特征进行建设。设计者需要制定出智慧校园平台的信息标准和数据接入使用过程中的规范性要求，需要提高智慧校园平台建设过程中的服务质

量和数据分析能力；对智慧校园平台管理、建设、使用过程中的运行机制还需进一步加强，提高智慧校园内部管理人员的综合素质，为智慧校园平台的应用培养一支高素质的技术保障队伍；智慧平台校园需要以校园目前的发展水平为依据，在校园内形成一种全新的关系形态、数据形态和决策形态；在智慧校园建设中需要紧紧地围绕着智慧校园管理、智慧校园教学、智慧校园服务、智慧校园生态和智慧校园硬件保障这五个方面进行。通过智慧校园平台的建设，可以进一步加快数字化校园的进程，同时在智慧校园平台中融入云计算技术、互联网技术、人工智能技术、虚拟技术等相应的信息化技术，还可以在校园内创造高效的物理环境。

二、基于大数据的智慧校园平台的规划设计

在对智慧校园进行建设的过程中，建设团队需要对学校中的各个部门的要求以及学校内部的相应业务流程特点进行细致化的划分，同时还需要有计划、有步骤、有策略地分别建设智慧校园的相应体系结构。在智慧校园建设第一阶段中，需要为智慧校园平台搭建出软硬件框架环境，借此进一步提高智慧校园管理应用水平。同时还需要强化校园内部师生的信息化意识，提高自身在应用过程中的技术水平，这样就可以帮助智慧校园在师生群体中进行推广。智慧校园内部还需要搭建基础信息化环境，将现有的软件应用系统进行整合，扩大智慧校园的管理信息覆盖范围，在建设中需要做到校园内部用户整合、校园内部资源整合、校园网络数据整合、校园使用权限整合等，通过建设覆盖范围广、精度高、服务能力强的智慧校园业务系统，就可以更好地为校园中的教师群体、学生群体、科研部门等多个群体进行服务，在服务的过程中，智慧校园平台还可以自动地积累应用数据，逐步实现对所有业务系统的自动化综合查询，定期地生成校园运行过程中的分析报表数据，方便管理者对校园进行管理。

三、基于大数据的智慧校园平台的具体应用

（一）通过智慧校园平台进行智慧管理

通过智慧校园平台可以将校园业务系统中的静态数据和物联网中的实时数据进行积累，这样便可以对现有的数据进行特征结构分析，然后对数据进行综合利用，就可以得到第一手信息。例如，通过智慧校园平台可以对实施一卡通中的消费金额进行计算，然后便可以统计出校园食堂中最受学生欢迎的食品、学生在校每日的消费金额、门店的规模位置等相关信息，这样学校便可以更好地为食堂中的承包商制定合理的租金，同时还可以面向市场招募一些适合学生口味的厨师进入校园食堂工作。

（二）通过智慧校园平台进行智慧教学

通过智慧校园平台可以进行智慧教学服务，智慧校园平台可以在班级中通过物联网技术构建出信息化的教学环境，通过智慧教学服务便可以帮助老师实现教学过程中的数字化和信息化功能，教师可以通过监控系统或是人脸识别系统对当班的学生进行人员审查，同时也可以方便向领导提交上课过程中的听课率、到课率等教学信息，学校便可以根据听课率、到课率等信息对教学人员进行最合适的评价。

（三）通过智慧校园平台供给智慧服务

通过智慧校园平台可以实现智慧服务功能，如学校可以向师生发放一卡通，师生借助一卡通中的公共服务平台便可以满足自身的日常工作、学习、医疗卫生、文艺活动等各项基本生活需求。同时通过一卡通技术中的无感知数据自动采集系统，还可以实现持卡人的实时定位，帮助学校更好地了解校内学生每天的旷课记录、消费习惯和图书借阅等相应的信息，通过对这些信息进行整合和分析就可以帮助教学管理人员对班级学生采用针对性的管理措施，提高学生的个人综合素质水平。同时利用智慧校园平台中的业务数据推送系统，通过对学生相应的数据整理、分析和判断，就可以主动生成相应的咨询服务功能对学生进行推送。同时通过智慧校园平台还可以将校园图书馆赋予智能化技术，通过在校园图书馆中实行科学化的管理，便可以更好地帮助学生提高在图书查阅过程中的便捷性。

在校园中通过基于大数据背景下的智慧校园平台的建设应用，可以帮助校园从传统的数字化向智慧化进行过渡，这期间可以实现校园内部教学资源的动态分配、校园信息数据的集中共享、校园教学效率的提高等一系列功能，提升校园内部的决策管理能力。

第六节　大数据时代下高校智慧校园的数据平台

当代的信息化发展程度越来越高，高等院校抓住机会，与信息化进行密切的合作，师生的生活也受到了信息化的影响并从中获益，这就加快了高校智慧校园的建设。智慧校园不同于以往的数字校园，它采用了更多先进的技术，对学校的管理和建设都起到了很大的作用。本节对高校智慧校园的数据平台设计进行分析，旨在通过对数据平台设计的分析，更加迎合社会发展的需要，设计出各方面都完善的智慧校园数据平台。

一、目前高校智慧校园建设中存在的缺点和不足

高校智慧校园对科技的要求比较高，而且现在信息技术越来越发达，老师和学生对教学技术的需求也越来越大，在此期间就会产生一些问题。因为智慧校园是高科技的产物，发展的过程会比较长，对快速发展的社会需求不能及时的满足；同时还有一些人不能及时地了解和接触，使智慧校园不能广泛地被人所熟知，发展也就比较缓慢。

二、高校智慧校园建设中数据平台的设计特性

（一）智慧校园中数据平台设计必须具有前瞻性

高校智慧校园是社会发展的产物，同时也是教育和信息科技相结合的产物，它结合了许多的技术，在高校教育中具有先进性。一个良好的数据平台可以更好地满足智慧校园的使用需求。同时这个时代也是在不断地发展变化着的，一个数据平台如果只能使用几年，之后就不能适应社会发展的需要，那么就会浪费资金和人力，所以智慧校园的数据平台设计要具有前瞻性，可以更好地为高校服务，也可以为高校未来的发展指明方向。

（二）智慧校园中数据平台设计必须具有可操作性

智慧校园中的数据平台是面向广大师生和在校职工的，但是在学校，群体复杂，员工人数也比较多，不仅是学生，一些老师的居住、吃饭、教学等也都是在学校里进行的，所以在对数据平台进行设计时要考虑到学习和生活两个方面。在一些基础设备方面，如在食堂、图书馆、教室等都采取信息验证，这样可以方便对这些地方进行管理，同时也不需要太复杂的身份验证，只需要一个指纹、一个工作卡就可以了；也可以设计一个软件，使老师和学生直接在上面就可以完成一些活动，这样可以提高智慧校园对老师和学生的服务水平。

（三）智慧校园中数据平台设计必须具有时代性

高校作为一个给国家、社会提供人才的地方，对高校智慧校园的数据平台设计提出了很高的要求，将先进的教学理念和现代的信息技术相结合，可以培养更多的人才，为国家的未来做出贡献。同时智慧校园是时代的产物，所以在数据平台设计时也包含了这个时代的特点，等到未来的某一天，人们对它进行研究时，也可以感受到当时社会的技术情况。

三、高校智慧校园中数据平台的设计研究

（一）重视高校智慧校园中数据平台的安全性

1. 数据平台安全性的重要性

高校智慧校园的数据平台上有着大量重要的信息，甚至一些机密信息，但是现在互联网的广泛应用，产生了一些黑客和病毒，严重威胁着网络信息安全，同时也不利于社会的和谐发展。因此，在进行智慧校园的数据平台设计时，平台的安全性是至关重要的。

2. 加强对高校智慧校园数据平台的安全管理

高校一般设在市区，与生活区接触较多，周围的环境比较复杂，所以学校就要设置门禁时间，加强对监控和保卫处的管理，对数据平台的设计也要更加严格，以防止数据丢失和被盗窃。

（二）加强高校智慧校园中数据平台的新技术设计

（1）设立标准化的数据管理。在我国，高校智慧校园越来越流行，也出现了许许多多的数据平台，但是在建立数据平台时也要按照一定的标准，根据国家的要求在法律范围内进行设计，国家也应该设立标准化的数据管理，如把各个老师的信息、学生的信息、教室信息、课表信息进行合理的管理，同时根据每个学校不同的情况做出不同的改变，使智慧校园更好地服务于高校。

（2）运用身份认证技术。身份认证在现在也是很流行的一种监管方式，人脸、指纹都可以进行身份的验证。高校智慧校园在建设时也应该顺应时代的发展，和高科技建立联系，让这些新的技术可以更好地服务校园管理，这样也可以保证学校的安全，使智慧校园的数据平台可以正常地发挥作用，更好地为人类服务。

（3）统一门户入口。由于高校智慧校园所面向的群体多样，使用的范围也很广泛，所以形成一个统一的门户入口也是很重要的。它可以形成一个高效的管理系统，实现各个层次的授权管理，对一些金融信息、校园信息、职工与学生信息进行保护，形成一个屏障。以一种合理的方式将这些信息联系起来，方便了对信息的管理，也可以充分利用资源，提高管理的效率。

（三）重视高校智慧校园中数据平台的财务相关设计

财务在高校中也是一个重要的部分，有了足够丰富的资金才能进行不同的尝试和发展，所以在数据平台设计中财务设计也成了一个比较重要的部分。在学校，学生与老师的饮食起居、水电生活费、职工的工资、购买一些教学设备、聘请专家、学生的学费、国家的补助拨款等费用都需要财务相关设计，它可以确保资金的正确流动；对

资金进行管理，也可以防止贪污等不良行为。

（四）重视高校智慧校园中数据平台的可操作性设计

高校智慧校园旨在为学校老师、学生提供便利的管理，所以提高数据平台的可操作性也成了设计中的一个重要事情。简便的操作可以提高管理的效率和增加智慧校园的应用性，手机的普遍使用和校园的网络覆盖都为智慧校园的可操作性提供了桥梁，方便了查询信息、缴纳费用，给老师和学生提供了便利。此外，智慧校园中的数据平台提供了个性化的服务，既可以提高老师的教学热情，也可以激发学生的学习兴趣。

四、智慧校园体系结构的设计思想

（一）以服务师生为核心诉求

智慧校园应该充满人性化，毕竟它是为了服务老师和学生的。对老师来说，可以开展一些移动办公；对学生来说，可以开展移动学习，将学习和办公不再局限于教室和学校。同时使用一些简单的模式，可以快速地让老师和学生接受，这样就间接地提高了学习和办公的效率，让老师和学生也了解到智慧校园的好处，提高了智慧校园在高校中的影响力。

（二）全面掌握校园情境

因为智慧校园是面向全校的，这就需要对学校的信息情况进行全面掌握，通过一些传感器和监控设备，对于学校里的老师、学生和设备、建筑进行监管和了解，建立一个数据库，也方便了当问题真正出现时，可以及时解决。

（三）兼容原有信息系统

智慧校园在统计收纳信息的同时，也会保留原有的信息，而不是将它替代或删除，这样可以方便未来人们对学校建设的查询。这就需要在进行智慧校园数据平台设计的时候，考虑到这一点，构成一个框架，增大内存，建立通信之间的联系。

高校智慧校园建设中的数据平台设计需要考虑到许多问题，在数据平台设计时要遵循设计理念，扬长避短，同时对产生和存在的一些问题要及时进行改正，结合一些先进的技术观念，把高校智慧校园进行推广，让人们真正地了解到科技的力量，为我国的教育事业做贡献。

第五章　云计算背景下的智慧校园概述

第一节　云计算与智慧校园的建设

在建设智慧校园的过程中，充分利用云计算强大的数据处理功能，将校园的设备、图书、环境等资源进行整合，打造数字化校园，不仅为校园的资源管理提供了便利的条件，也为校园生活增添了色彩。本节从云计算与智慧校园、云计算在校园中的应用、智慧校园的架构设计几方面进行了探讨。

一、云计算与智慧校园

（一）云计算

关于云计算的定义，在学术界中有很多种，从计算模型上来看，云计算就是把巨大的计算处理程序经由网络进行拆分，拆分成很多个小的程序，之后传送给服务器，在服务器中进行储存、计算和分析，之后将分析的结果反馈给用户。简而言之，云计算就是自带计算功能，可进行自我维护和管理的一种技术。

（二）智慧校园

智慧校园就是将校园中的各种应用、各种部门，还有复杂的系统进行统一化，让它们之间进行资源交换、数据共享，因为各系统可能会出现一同抽取数据的现象，所以计算处理的服务器应该多样化。因此，我们可以利用云计算的网络构架，建设智慧校园云计算处理中心，利用云计算技术，对校园的资源进行整合，实现资源共享。

二、云计算在校园中的应用

云计算就是将学校的教学资源和图书资源等进行资源整合，然后以服务的形式提供给用户，它可以提供的服务有运算、储存和一些基础软件服务，同时将大量的资源整合成资源库，以便于服务。

（一）应用于基础软件、硬件的管理

在校园中有路由器、服务器、投影仪等基础的硬件设施，但是在购买的过程中会出现所购买的设备并不实用的现象，同时还会出现设备的使用流程与用户的实际使用流程不相符的情况，除了专业的计算机老师能够勉强地操作，大多数人都不会操作。因此，我们就可以利用云计算技术，将软件与硬件综合管理，设计出一个操作简单的用户界面，使访问智能化，同时还能减少设备的使用量。

（二）将平台进行统一化

由于部分学校的设备更换比较频繁，所以学校中的设备就有很多的品牌和型号，并不便于应用。因此，为了能够将这些设备的作用更大地发挥出来，我们可以采取构架的模式，先将设备进行整合，之后运用云计算技术将设备系统进行统一化，之后在建立一个操作简单的支撑平台。与此同时，我们也可以将其他的可利用资源进行整合，统一管理。

（三）资源合理运用

目前大部分学校对于信息化建设的投入资金在不断的增加，购买的设备量也在不断的增加，但是大部分学校并没有设置专门的管理人员，所以设备的使用功能并没有得到充分的利用，甚至有的设备一直处于闲置状态，造成了资源浪费。对于这种现象，我们可以运用云计算技术，将软、硬件设备进行统一化管理，将那些闲置的设备应用到适当的地方，这样不仅减少了资源浪费，还节省了购买新设备的费用。

（四）节能降耗管理

部分学校当需要某种设备时，就会立即购买，这样就导致许多设备在应用过后就几乎不再使用，出现了很多的闲置设备，而且这些设备的负载并不高，一般在 30% 以下。对此，我们可以利用云计算数据中心的可实现资源多用户运用的特点，将设备资源进行统一整合，这样既节约了资源，又减少了设备的购买量。

三、智慧校园的架构设计

在对智慧校园的整体构架进行设计的过程中，我们可以通过网络把各种网络设备和应用服务器连接起来构成一个通用的实体，学校的各种服务可分为多个子系统，各系统之间可以满足资源共享、数据交互、访问控制与隔离的需求，根据需求可以设计一个安全、可靠、便于使用管理的平台。

（一）数字图书馆"云"环境

该环境一般有两类服务：一类是软件服务，即各类软件的应用，我们可以采用本地安装形式安装图书馆自动化系统、办公自动化系统等，它们都以一种网络服务的形式提供；另一类就是云存储服务，我们可以把大量的数字资源存放于"云"上，而不再需要"镜像"于本地，然后利用云计算解决方案，架构满足本地或局部应用的"私有云"平台，最后再利用互联网技术整合服务，实现不同"云"之间的互操作，拾遗补阙，向读者提供更快捷、贴心的服务。

（二）教学资源"云"环境

该环境中主要利用云计算使用集中存储方式，建设个性化数字资源服务系统，为每个教师提供操作简捷、功能完善的资源添加和修改界面；为全校教师提供资源存储空间，方便教师进行资源积累和管理；还可以构建个人资源门户，支持优质资源筛选和共享。个性化集成定制系统提供以共享平台信息资源为主的资源，它可以根据用户的兴趣爱好、专业特点及个性化的需求，通过用户定制、系统推荐和推送功能，提供高质量、高水平的多媒体信息服务。

对于智慧校园的建设还在进行当中，应该充分了解智慧校园给老师、学生及学校带来的便利，将云计算技术应用到智慧化校园的管理中，不仅提高了校园资源的利用率，减少了学校的支出，同时还实现了教学等资源的共享。

第二节 基于云计算的智慧校园服务系统

当前，随着云计算和移动互联网等新一代信息技术的发展，其对新型智慧校园的教学管理产生了巨大的影响，对于智慧校园的研究已成为当前教育信息化领域关注的热点。而通过基于云计算的智慧校园支撑服务系统可以更好地将校园内各种数据存储、数据计算、用户认证等集中控制和管理，提高校园服务的水平。为此，本节以基于云计算的智慧校园服务系统为题，在分析了建设基于云计算的智慧校园服务系统的意义之后，重点分析了基于云计算的智慧校园服务系统的设计，包括智慧校园支撑服务系统的功能需求、智慧校园支撑服务系统设计的原则、智慧校园服务系统的架构设计模型、智慧校园支撑服务系统的拓扑结构设计，希望通过此次系统分析设计可以为类似的智慧校园服务系统建设提供一点帮助。

信息技术的快速发展促进了教育观念和教学方式的变革，从相关的资料来看，在未来一段时间内，我国智慧校园安全管理应用将展现出职业特征强、业务覆盖全、模块功能多和为广大教师和学生提供"一站式服务"等方面的特性。同时，随着智慧校园系统的建设，将为校园开展各种活动提供巨大的帮助，并且将依托与软件应用相匹配的硬件资源，使得校园的软硬件资源能够协调发展，满足覆盖校务管理到智能学习各个方面的"数字校园"需求。此外，在校园管理服务中，采取云计算、物联网、移动互联网等信息技术可以时刻开展个性化教学、智能化教学管理和学习过程跟踪评价，从而最大化地避免传统校园管理服务中存在的各种问题，为校园教学、科研、管理和生活提供智能化、个性化、便捷化的信息服务。

智慧校园利用当前的先进信息和通信技术，从校园的集成化、智能化入手，全面提升校园的教学和研究水平，继而全面提高学校管理的有效性和效率，最终实现教育服务社会的功能。近年来，随着智慧校园的提出，很多学校已经开始着手建立智慧校园服务系统来改变学生、教师和校园资源的交互方式，从而全面提高管理运行效率。

云计算是一种基于网络的计算模型，该技术主要是通过集成网格计算、并行计算、分布式计算、虚拟化和负载均衡技术等方式，为计算机系统提供超强的计算和存储能力。在实践中，其通过各种集成能力和灵活的服务模式快速、轻松地在不同设备之间共享数据和应用程序。因此，基于云计算技术的智慧校园服务系统可以创新地将各种数据资源集成到资源池中，为智慧校园系统提供各种服务。

一、建设基于云计算的智慧校园服务系统的意义

当前，随着我国物联网技术的发展，其在教育领域的应用推动了"数字校园"向"智慧校园"的升级发展，使得云计算的智慧校园支撑服务系统将校园中的物体连接起来，实现了学校的可视化智慧管理，构建了富有智慧的教育教学环境，为师生提供了一个全面的智能感知环境和综合信息服务平台。同时，在该智慧校园支撑服务系统中，其针对的人群主要是高校用户，不仅可以更好地满足师生工作、学习、生活的需要，还可以通过该系统吸引到更多的学生参与，极大地避免了现有校园网中各系统间各自为政和重复建设的问题。因此，在高校的智慧校园建设中，通过基于云计算的智慧校园支撑服务系统可以更好地将校园内各种数据存储、数据计算、用户认证等集中控制和管理，统一为上层应用服务，进而将该类系统推广到家庭、公司和全社会。

二、基于云计算的智慧校园服务系统的设计

（一）智慧校园支撑服务系统的功能需求

无论是何种系统的设计，做好系统的需求分析是系统设计的前提与基础，而功能性需求是系统设计中每个系统的重点所在，通过对系统的功能分析，可以明确系统设计的目标。对于基于云计算的智慧校园服务系统而言，其主要解决校园管理中存在的各种资源的整合不到位、缺乏规模优势等问题。同时，还有很多系统存在建网质量低、

网络不畅、带宽不足、访问性能差、等待时间长等问题，通过该智慧校园支撑服务系统可以更好地提高整个校园服务系统的工作效率。从系统的需求分析来看，该系统功能主要包括：课程及设备管理模块、一卡通管理模块、数据存储与计算、统一身份认证、Web 服务统一访问等。

（二）智慧校园支撑服务系统设计的原则

基于云计算的智慧校园支撑服务系统设计必须要按照相关的原则来进行，在具体的智慧校园系统的网络设计中，应该立足现有系统硬件和软件的情况，完成支撑智慧校园运行的基础网络系统整体方案设计及关键设备、软件的选型工作。其应该按照以下几点原则展开。

第一，采用统一标准，严格按照资源共享原则。在系统的建设中，应该立足校园现在的具体情况，如现有校园中是否建立了相关信息系统，系统本身是否具有资源的共享等校园具体情况，之后在该服务系统建设中充分利用网络基础，充分整合各种信息资源，以此来促进校园服务系统的互联互通、信息共享。

第二，坚持开放性。由于基于云计算的智慧校园支撑服务系统的设计要融入校园的各种信息系统，因此在开发中，必须要对现有应用系统的开发平台、数据库和运行环境进行统一考虑，包括系统的架构及后续的接口标准等。同时，在基于云计算的智慧校园支撑服务系统设计完成之后，随着时间的推移，智慧校园网络的资源会逐渐地增多，如果对各项应用缺乏有效管理，那么不仅技术升级存在风险，而且维护也会相当困难，所以在系统设计前期必须要考虑未来系统需求的变化和扩展性。

第三，坚持整个信息数据的共享。原有系统缺乏统一的数据标准，各部门业务系统相对独立，系统之间数据难以共享，给各部门的业务处理带来困难。而在信息化高度发展的今天，需要建立数据共享机制及规范，实现校园数据的共建共享，协同发展与各业务部门的工作流程再造。

（三）智慧校园服务系统的架构设计模型

当前，随着智慧校园的发展和建设速度的加快，智慧校园已经成为现代校园建设的重要方向。通过基于云计算的智慧校园服务系统不仅可以带给学生和教师优质的智慧服务，同时也可以帮助学校提高生活、教务管理和学生管理能力，并且避免了在传统系统建设中存在的系统标准和规范不统一及相关设施和设备不能通用的问题。因此，在基于云计算的智慧校园服务系统的架构设计中，必须要紧紧地围绕系统的需求和设计原则设计整个智慧校园服务系统的架构模型。根据分析，基于云计算的智慧校园服务系统的架构主要分为软件应用层、平台支撑层和基础设施层三个层次。

通过上述基于云计算的智慧校园服务系统的架构设计，可以突破传统系统设计中将物理基础设施和 IT 基础设施割裂开的惯性思维，从而通过这样的设计方式将各种信息资源进行了全面的整合与集成，如对于校园服务系统的网络融合、信息或数据的集成等。此外，通过这种方式的架构设计，让整个基于云计算的智慧校园服务系统融入了校园数据信息集成平台、网络融合服务平台以及信息标准体系和安全维护体系等。

（四）智慧校园支撑服务系统的拓扑结构设计

从上述分析的基于云计算的智慧校园支撑服务系统模型来看，系统设计的支撑服务在采用云计算的架构后，系统中各种不同的硬件将在设计中由云计算将基础设施资源进行虚拟化后提供，同时基于整个智慧校园支撑服务系统的数据安全考虑，在此次设计中主要采用私有云的方式，部署在校园内部网络中，提供校外访问的方式。

在该基于云计算的智慧校园支撑服务系统的拓扑设计中，主要使用通用计算机组建小型的 Hadoop 集群来搭建云计算环境，由于 Hadoop 需要部署在 Linux 系统之上，在系统开发过程中选择 Ubuntu Linux 12.04，具体的语言选择为 Java 运行环境 jre1.6。同时，在基于云计算的智慧校园支撑服务系统的设计实现中，应该参照当前教育部最新信息化建设标准，在此基础上结合校园教育管理的实际要求，并随项目建设需要划分阶段，在该体系框架的基础上进行补充和完善。

在 21 世纪，随着信息技术的不断发展，教育领域进行信息化改革也是顺应时代发展的要求，而基于云计算的智慧校园服务系统则是当前校园信息化建设中重要的组成部分。随着新理念、新技术的不断涌现，必将会有更多的新技术、新方法提供先进的智慧校园网解决方案，为提升校园的教学管理水平发挥重要的作用。

第三节　基于云计算的智慧校园规划设计

随着物联网、云计算和大数据等技术的不断完善，智慧校园已经成为多媒体校园建设的新模式。本节基于多媒体校园建设的现状，提出了一种基于云计算的智慧校园规划设计，为师生提供了一个智能化综合信息服务平台，可以实现对校园的可视化管理，使师生可以全面感知校园资源，提高资源的利用率，缩短校际距离。

自从 IBM（ International Business Machines Corporation，国际商业机器公司 ）推出"智慧地球"的概念以后，在世界范围内出现一股"智慧城市"建设热潮，我国许多城市也将"智慧城市"建设作为新型城市建设模型，而"智慧校园"是"智慧城市"建设的重要组成部分。智慧校园是信息化发展的新阶段，而云计算等技术为智慧校园的发展提供了强有力的技术支持，推动着信息化教育的跨越式发展。智慧校园通过综合信息服务平台，集中了校园的信息系统资源，为师生提供了全面协同的智能化感知环境，并最终实现了教学资源的动态分配和信息服务的自助化获取。

一、智慧校园的内涵特征与云计算技术

（一）智慧校园的内涵特征

智慧校园的建设遵循了"服务指导、强化协同和分步实施"的基本原则，融合服务和管理理念，整合教育资源，为师生提供了便捷的学习、生活和教学等信息化服务。该智慧校园的设计就是要充分地整合信息教育的软硬件资源，实现资源的动态分配和均衡负载，有效提高资源利用率；同时要有效管理各个系统业务之间的关系，统一管理应用接口，搭建校园公共服务平台，实现服务的产品化。在设计中，要充分重视数据的存储、分析和数据的重复建设，运用大数据分析和数据挖掘技术，构建一体化的综合平台，实现智能化管理，并为校园提供科学化的决策。

（二）云计算技术

云计算是基于网络的一种计算模式，利用非本地或远程服务器的分布式计算机，通过并行计算、网格计算、分布式计算和网络存储等技术，将很多计算机整合到一起，通过平台即服务、基础设施即服务等模式实现运营，让用户可以方便快捷地实现不同设备之间的数据和应用的共享。同时，云计算还具有高可靠性、大规模性、可扩展性等特征。随着云计算的发展和普及，学校、教育和个人都在逐渐地向"云"上迁徙，这对建设智慧校园具有积极的影响。

二、智慧校园的设计需求和原则

（一）智慧校园的设计需求

1. 建立统一的管理平台

智慧校园建设包括很多子系统，其建设周期长、规模大。智慧校园建设的目标是建设一个包含资源共享、信息汇集、应用整合和综合运营的统一管理平台，可以提供集成服务，有效改善学校各部门信息资源的封闭和垄断的现象，实现校园资源的共享，整体提高教育信息化的建设水平。

2. 建立信息融合平台

信息融合是智慧校园建设的核心，包括身份标识、感知信息和应用数据等技术的融合，可以为智慧校园提供综合的信息集成应用能力。信息融合平台通过重组、加工、变换等方式整合信息数据，统一信息管理，提供信息服务。该平台能够更好地为智慧校园建设提供教学资源共享体系，为学生提供全面感知的灵活教学资源。

（二）智慧校园的设计原则

（1）统一标准，实现教学资源的共享。

（2）坚持开放性原则，智慧校园建设要对各应用系统的开发平台 / 数据库等进行统一的考虑。

（3）建设一个可持续发展的、先进的智慧校园。

（4）在智慧校园建设中要充分考虑系统安全性问题。

三、智慧校园的建设架构

智慧校园建设关键是打破传统的将 IT 基础设施和物理基础设施分裂开的方法，将各个应用系统的数据和信息资源进行有效的整合与集成，从数字校园到智慧校园，不但要融合全新的服务理念，还要具备全面的管理信息和业务的共享机制，不断优化流程，提升管理水平。

四、智慧校园的建设技术

（一）基于云计算的智慧校园体系架构

云计算技术是通过强大的实体基础架构平台提供云计算服务，主要内容有基础设施即服务、平台即服务、软件即服务。将云计算技术引入学校、教育机构和个人信息存储，将给校园网络应用带来很大影响。一方面，学生可以通过云计算平台自由选择各种形式的学习资源，更好地利用网络中的信息资源和服务；另一方面，教育管理人员和教育科研人员能更好地管理教学资源，了解教育效果，还可以科学地开展教学设计，优化教学过程。采用云计算的模式可以充分利用和整合现有的硬件资源，降低软件的开发和采购成本，在有限的资金和时间等条件下进行校园网络建设。

（二）基于云计算的智慧校园解决方案

智慧校园应该是在数字校园基础上发展起来的一种校园模式，智慧校园的解决方案应该从软硬件两个方面来考虑。

（1）硬件建设方面，要充分利用具有智能感知特点的物联网基础设施，从实验室、教室、图书馆、学生宿舍、食堂等各个生活、学习区域进行布局和建设，实行校园一卡通，把师生的饭卡、水卡、电卡、手机卡、图书借阅卡以及宿舍、教室、实验室的钥匙等进行集成统一，构建智慧校园后勤管理与服务信息化校园环境。另外，有了各种智能感知的硬件建设基础，学校教学管理人员就可以自动收集各类教学数据，如师生到课率、实验室或多媒体教室使用率等，在课题申报、科学研究、项目结题、财务管理等多个环节自动生成海量数据并分析。

（2）软件建设方面，实质就是各类通信技术和计算机软件技术的开发应用、整合与优化技术，如云计算、物联网、互联网、信息技术、3G互联网、传感技术等。客户关心的是使用体验和智慧校园带来的便利，而软件建设是智慧校园技术员考虑的问题，目标是在智慧校园下，各类资源、软件、系统要融通，统一接口，实现数据集成与共享，消除信息孤岛，建立开放、互动和协作的智能化综合信息服务平台。智慧校园底层的支持模块由Web服务器、应用服务器群和后台数据库组成，这些设备通过"云计算"网络互联，各种复杂应用都分装到多个虚拟机上，不同类型和层次的应用分类安装在不同的虚拟机模块，根据节点代理不同要选择不同的中间件来实现对数据库的访问。

基于云计算的智慧校园规划设计，实现了数字化校园向智慧校园的顺利过渡。它能够整合教育资源，实现了资源的动态分配、合理负载和数据高度集中共享，进一步优化了校园的教学手段，提高了学生的自学能力，推动了校园制度的创新，最终实现了教学信息化和管理决策科学化的目标。

第四节　基于云计算和物联网的智慧校园

数字校园的引入初步实现了高校的信息资源整合与应用集成，但其还不足以支撑面向最终用户的服务。本节介绍了智慧校园的起源、特点、内涵与特征、智慧表现，阐述了智慧校园的相关技术和建设方向，以期逐步完善信息化建设，实现大范围教育资源共享，最终实现数字校园向智慧校园的转型。

信息化教育这种崭新的教育形态是教育信息化发展到一定阶段的必然产物。为了达到师生和管理者感知并有效利用更全面的教学资源以及建立互动共享型学习、生活环境的目的，许多高校在云计算和物联网等技术的推动下提出了"智慧校园"的理念，并随着理念的深入，逐步建立一个开放型的智能综合信息服务平台，有效提高校园信息化服务质量。充满智慧的信息化校园必然会成为教育行业信息化建设的主流方向。

一、数字校园

数字校园是学校的教学、管理在信息技术发展的不同阶段下的不同深度的信息化应用管理体现。时至今日，数字校园的最高水平是基于互联网下的校园信息化平台，用户不再经受因不同的管理系统多次登录的烦琐操作。这对学校教学及管理的信息化功不可没，但通过回顾并重新审视数字校园的建设过程与应用效果后，我们会发现数字校园还不是学校信息化发展的终极目标，还没有达到信息化发展的高级阶段。数字校园在如今的建设应用当中仍存在一些问题。

（1）信息门户平台与部门管理系统的业务和数据整合是数字校园建设的主要聚焦点，在教与学方面融合度不够，难以推动教学模式的变革。

（2）可能牺牲了业务部门管理信息系统专业性和可扩展性的大集中式、并发式的建设，使得许多管理系统未达到应有的效果。

（3）数字校园服务模式过于单一，整体上体现的还是依赖被动处理的管理思维，导致对最终用户的服务支撑能力依然偏弱。

（4）校园内外信息交互性不强，难以形成覆盖学校内外各项活动的整体联动的信息化应用环境，访问方式存在局限性。

这些问题在一定程度上阻碍了信息化教育的发展，为了建设更好的合作关系和更好地体现服务理念，实现用户利益的最大化，就要把从数字校园向智慧校园转型作为学校信息化建设的重中之重。

二、智慧校园

（一）起源

在教育信息化进程中，智慧校园是基于数字校园理念而提出的，其中"智慧"则源于"智慧地球"。2009年1月，在奥巴马就任美国总统的第一次美国工商业领袖圆桌会议上，IBM总裁兼首席执行官彭明盛提出了"智慧地球"这一理念。紧接着，日本提出了i-Japan构想，韩国提出了u-Korea战略。与此同时，我国前国务院总理温家宝在无锡视察中科院无线传感网工程中心时提出了"感知中国"的概念。2010年，浙江大学于其信息化"十二五"规划中最先提出了"智慧校园"的概念，不久南京邮电大学制定了一个有关"智慧校园"的发展规划。浙江大学智慧校园的规划蓝图是：网络学习无处不在、网络科研融合创新、校务治理透明高效、校园文化丰富多彩、校园生活方便周到。南京邮电大学智慧校园的核心特征则反映在三个层面：一是提供基于角色的个性化定制服务，即为广大师生提供一个全面的智能感知环境和综合信息服务平台；二是在学校的各个应用服务领域融入基于计算机网络的信息服务，实现互联和协作；三是通过智能感知环境和综合信息服务平台，为学校与外部世界提供一个互相感知、交流的接口。

此外，在高校大规模覆盖的校园网为智慧校园的构建奠定了坚实的基础。但是，高校普遍存在的资源共享局限性使信息互通成为难题。因此，改变现有资源分配状况迫在眉睫，也只有真正杜绝信息孤岛，实现规划蓝图上的资源共享，才能促进高校信息化建设快速、健康发展。

（二）特点

智慧校园在传统的教学、学习、生活和服务模式等方面正在发挥着作用，可总结为以下特点。

（1）智能化的设备监控与管理。以物联网技术为支撑的管理可以有效减少人工执行量，使资源配置合理化，并提高结果的可靠性。

（2）灵活的数据辅助。校园应用系统中积累了大量统计数据，在这些数据的基础上构建的数据模型可通过数据分析等手段，获取所需的维度数据、汇总数据、细节数据和切片数据，辅助领导进行决策。

（3）信息服务无盲区。园区内的每一个角落都可随时随地访问互联网络，使用各种信息服务。

（4）信息推送与主动服务。传统信息化是人们根据自己的需求搜寻信息，IT设备提供服务，而智慧应用利用现代化的技术实现个性化信息的主动推送，以用户为中心组织信息与服务，从而达到"信息找人，按需服务"的目的。

（5）丰富的访问渠道与手段。除了支持传统的计算机访问网络，用手机、PAD、电视等多种终端都可以访问互联网和信息门户，获取所需信息，建立联系网络。

（三）内涵与特征

祝智庭教授指出，智慧环境、智慧校园是智慧教育的理解图式的学习空间，发展学者的智慧是智慧学习、智慧教学和智慧环境的出发点和归宿，这是对"智慧"和"智慧教育"的一次辨析。

就智慧校园的内涵与特征，不同研究领域的专家学者也都有着各自的理解。物联网技术专家偏重于智慧的智能感知功能，认为智慧校园是以物联网为基础的、以感知或挖掘的信息相关性为核心的信息化应用模式。教育技术学专家侧重智慧学习环境与智慧课堂等教学方式的改革，认为智慧校园是基于新型通信网络技术构建资源共享、业务流程智能灵活的教育教学环境。学校信息化建设专家则认为应突出智慧校园的应用和服务，认为智慧校园建设不仅偏重于感知部分物联网技术的应用，更应该考虑技术的特点，突出应用和服务。

为了实现包含"智慧服务理念"的设计，需要注重高校管理者、用户与信息化的双重融合。一方面需要使信息化观念深入高校每一个管理者的心中，使信息化与决策管理深度融合，即"将学校发展规划的'顶层设计'与信息化建设的'顶层设计'衔接合一"，促进高校教学、管理整体水平的提升；另一方面需要采用用户主义，以人为本，不管是内部需求还是外部环境，都应在实施前分析用户的需求，然后再平衡管理者和技术的需求。

综上所述，我们认为智慧校园建设的最终目的是向用户提供更好的服务。首先，便捷的生活、学习、工作环境是教与学的基础；其次，体现在它新型的管理模式上，可以发挥信息技术的潜力。综合表达智慧校园的内涵即"以用户为中心，以服务为核心，充分共享校园信息，深度融合现实社会"。

（四）智慧表现

智慧校园在以人为本、以服务为核心的理念内涵下，其应用可以由以下几点表现出来。

（1）当新生进入大学校园时，将他们的手机连接物联网，手机就成为此后学生在校园中的身份识别及支付终端。

（2）智慧校园给新生带来了方便与乐趣。入学手续刷卡即可完成，如新生报到、入宿登记、缴费、领取军训服装等手续，有效地提高了入学手续办理效率。

（3）智慧校园伴随着新生走完不同流程，如将信息发送到新生手机，帮助新生尽快完成入学。同时，智能化迎新系统作为智慧校园的重要环节，将网上招生系统与学生管理系统高效地联系起来，使得高校可以随时获取新生的报到动态，以便于管理。

（4）智慧校园通过运用身份识别的方式，可以方便高校实现门禁，保证学生安全。

（5）上课、考试考勤也不必再点名签到，智慧校园可以准确无误地统计每一位学生的实时考勤信息，再通过物联网及时反馈给老师。

（6）实现智能控制，实时监控，如教室的灯和电扇、实验室的计算机和仪器、宿舍的电和水等，控制人员可利用智慧校园系统远程操作，同时可以设定时间范围，系统自动完成，以及应付一些突发性操作等。

（7）应用于图书馆借还书、教师停车位、学生自行车位、公共设施的安全与保护等方面，真正意义上实现智慧校园下的学校资源及教育资源的完美结合和利用，真正将用户的方便和安全落实到位。

三、智慧校园的相关技术

云计算和物联网是两个新兴的名词，它们之间是平台与应用的关系。物联网是云平台所支持的一种应用，而物联网的发展依赖于云计算，云计算系统的不断完善使海量物联网信息的处理和整合成为可能。同时，云计算也促进了物联网和互联网的智能融合，为构建智慧校园乃至智慧地球奠定了基础。

基于云计算技术构建高校校园私有云——校园云，结合物联网技术构建智慧校园，可以为实现高校跨越式发展做出贡献，为学生、教师、教学管理与校园生活提供了智能应用后的便利。

（一）物联网

物联网是指在物理世界的实体中部署具有一定感知能力、计算能力和执行能力的各种信息传感设备，以实现大范围的人与人、人与物、物与物之间的信息交换需求为目的，通过网络设施实现信息传输、协同和处理的互联网络。物联网技术的核心特征是广泛的感知、互通共享以及智能的服务。在这个网络中，物品与物品之间能够进行交流，而不需要人为干预，物联网也因此被称为继计算机、互联网之后世界信息产业发展的第三次浪潮。

（二）云计算

云计算是基于互联网的相关服务的增加、使用和交付模式，通常涉及通过互联网来提供动态易扩展且经常是虚拟化的资源。云计算的基本原理是，通过使计算分布在大量的分布式计算机上，而非本地计算机或远程服务器中，企业数据中心的运行将与互联网更相似。这使得企业能够将资源切换到需要的应用上，根据需求访问计算机和存储系统。云也是网络、互联网的一种比喻说法。

（三）云物联

《物联网导论》一书将物联网及云计算的关系描述为：物联网中的感知识别设备（如传感器、RFID 等）生成的大量信息如果不能有效地整合与利用，那无异于"入宝山而空返"，望"数据的海洋"而兴叹。云计算架构可以用来解决数据如何存储、检索、使用且不被滥用等重要问题。

综上可以看出，物联网因云计算这一平台的支持而拥有更广泛的作用和能力，在我国的使用频率也逐年递增。同时，随着物联网和云计算的发展，其联系会愈来愈紧密，云计算承载物联网有着不可小觑的未来和更加广阔的发展空间。

四、智慧校园的建设方向

发展智慧校园不仅仅需要各种信息化新技术的坚实平台支撑，更应有一个全面完善的策略引导其建设方向，从而使智慧校园的发展更具有方向性和正确性。在目前这样一个转型的关键时期，智慧校园建设应从以下五个方面完善。

（1）与学校发展的实际情况深度、有效结合，提高信息化的一致性，以及信息间的协作性。当今社会，由于多数学校对信息化工作的相关性以及重要性的认识不足，使得信息化仍处于辅助甚至边缘的角色。而建设智慧校园需要完善信息化部门的管理与监督，统筹学校资源与教育信息。

（2）以改善教育教学质量为重点。纵观智慧地球、智慧城市等概念不难发现，智慧校园的不同在于其特有的属性"教育"，所以当下智慧校园建设的重中之重就是通过各式各样的模式来提升教育的质量。因此，完善智慧校园建设要结合信息化的教育模式，再注入创新思维方式，从根本上融入智慧校园的发展建设中。

（3）全面提高师生在智慧校园中的参与度与互动反馈能力。智慧校园的内涵及特征要求师生转变传统的信息应用模式。从智慧校园中用户本身的角度看，他们应提升主动性与积极性，要从被管理向主动应用与反馈转变，使信息化服务保持持久的生命力和持续化发展能力。从智慧校园教学模式的角度看，教师是教育的主导，他们应持续提升自我，了解并掌握最新的教学模式和方式，合理有效地激发学生的学习兴趣，而同时学生应该主动参与，协助开辟创新性的教育模式，并且主动反馈，加强师生间的互动。

（4）注重技术与应用的相互融合。学校应把解决用户的实际应用需求作为出发点，将信息化技术作为基本工具和手段，坚持"以人为本"的智慧校园发展理念，逐渐建立规范化、准确化的用户模型及反馈机制。此外，智慧校园建设离不开完善的新型技术，技术之间应互相融合。

（5）引导科学探究式学习，实现协作交流与资源共享。基于物联网构建的信息化课堂，通过采集数字信息等，学生将获取到更多的知识、技能和经验，使教学真正地从重视知识传授的传统方式向重视培养学生科学素养的探究性学习方式转变。而这一构建需要物联网技术提供支持，学校的跨区域实验课程和研究性活动都可以通过网络平台实施，达到跨区域资源和协作共享的目的。

智慧校园的发展和创建是当今高校完善自身教育体制、落实信息化教育、提高自身竞争力的重要途径。智慧校园的构建使学校与社会、自然直观地连接在一起，在理论与实践之间架起桥梁，对实现资源共享、丰富校园生活具有重大的意义。然而智慧校园不是一蹴而就的，必须在结合智慧校园内涵及特征的基础上，在相关物联网及云计算的技术支持下，在现代化教育理念等理论的指引下，以用户为本，以服务为核心，精心设计。因校制宜，师生共同参与，主动反馈，才可以真正提高人才质量。智慧校园的构建还存在着一些问题有待解决，但相信随着云计算、物联网技术的不断成熟，最终将实现促进教学改革、提高教学效果的目标。

第五节　云时代下的智慧校园数据安全与保护

实现云时代下的智慧校园数据安全与保护是高校公共数据安全与保护的重点，也是推进数据共享共治、保证数据安全亟待解决的问题。本节从智慧校园数据安全面临的挑战角度，对智慧校园数据的安全进行了技术分析，并提出了通过构建智慧校园大数据融合安全架构方案，以解决在虚拟环境下更好地进行数据的读取、存储、传输和备份问题，从而为云计算用户的基础设施和管理平台提供安全保障。

一、研究背景

智慧校园大数据是大数据的一个子集，特指在教育领域发生的教育过程中所产生的或采集到的教育信息，具有中等体量、非实时性、周期较长、非结构化、高复杂性等特点，是一个为教育发展可创造潜在价值的数据集合。智慧校园大数据包括了基础数据、舆情数据、管理数据、服务数据、教学数据、科研数据等，智慧校园大数据的需要在于学习、教学、科研、管理和决策等方面。

当前，我国在智慧校园大数据发展和应用方面已具备了一定基础，拥有一定的资源优势和发展潜力，但也存在数据开放共享不足、基础薄弱、法律法规建设滞后等问题亟待解决，在安全形势方面也面临着技术挑战、发展短板、管理风险和安全防护等问题。大数据的研究已经成为信息社会的热点，其应用本身既是安全防御的重点，也是保障网络与信息安全的有力手段。

为应对当前大数据安全严峻的形势，在数据的采集传输、数据存储、数据挖掘、数据分布四大方面形成第一道防火墙已成为共识，同时根据融合架构数据中心的设计思想：通过硬件解耦实现资源的物理池化和动态重构，通过软件定义实现业务感知的按需资源组合与配置，满足系统的弹性伸缩和超大规模的持续扩大。融合安全技术在软件方面呈现出计算、存储、网络虚拟化、资源统一高度等特性，并将 CPU、内存、I/O 等服务器物理资源集成"资源池"，根据应用需要来分配和组合资源。

二、云时代下智慧校园数据安全面临的挑战

大数据的运用给高校带来了教学科研、学生实习就业、创业等方面的精准定位和分析，同时也带来了安全风险。

数据存储方面需要考虑智慧校园大数据的唯一性和可用性、隐私保护、数据备份和恢复等。大数据的存储一般采用两种方式：一是采用 MPP（massively parallel processing，大规模并行处理）架构的新型数据库集群，该架构适用于教育行业数据，采用 Shared Nothing 架构，通过列存储、粗粒度索引等多项大数据处理技术来完成对分析类应用的支撑。二是基于 Hadoop 的技术发展和封装，主要针对非结构化数据的存储和计算，处理一些非结构、半结构化数据以及复杂的数据挖掘和计算模型等。数据存储也要考虑安全保护，如数据交换的隐私保护、静态和动态数据的加密机制、异地备份等。

（一）智慧校园大数据面临的危胁之一：隐私泄露

大数据时代，高校内部信息和用户个人信息在信息网络化面前犹如一块透明的玻璃，社会企业或黑客组织可以随时不经意地或故意地进行窥探，并对搜集的信息通过数据挖掘和机器学习等技术，从中获取自己有价值的信息，用户的信息也随之泄露，隐私受到侵犯。

据中国互联网协会 12321 网络不良与垃圾信息举报受理中心负责人在论坛上发表的《中国网民权益保护调查报告 2016》显示：近半年，网民平均每周收到垃圾邮件、垃圾短信、骚扰电话等平均超过了 20 条（个），个人信息保护的内容成为网民最关心的权益，有 84% 的网民切身感受到了由于个人信息泄露对日常生活造成的不良影响，超过半数的网民认为个人信息泄露情况严重或非常严重。2016 中国互联网大会也根据我国基础网络和关键基础设施面临的较大安全风险进行了激烈的讨论，就木马和僵尸网络、移动互联

网恶意程序、安全漏洞、拒绝服务攻击、网页篡改、网页仿冒等网络安全事件从政策层面、应用层面、技术层面等不同层面对网络安全行业的发展现状及存在问题进行深入探讨，通过头脑风暴启发业界网络安全的破冰思维，迎接网络安全新挑战。

（二）智慧校园大数据面临的威胁之二：数据失真

智慧校园大数据面临的另一个威胁是数据失真，攻击者通过伪造虚假数据渗入真实的数据库，营造某种假象，诱导使用者通往错误的方向，导致做出错误的结论，或者诱导分析者得出对自己有利的结论。这些虚假的信息混杂在大量真实的数据中，人们往往很难做出正确的分辨。智慧校园大数据在数据传输过程中同样面临数据失真的风险。攻击者通过人工干预引入误差直接影响正常的数据采集的真实性，从而导致数据失真或偏差，直接影响最终结果。

（三）智慧校园大数据面临的威胁之三：目标攻击

智慧校园大数据集中了学校教学科研、竞技竞赛、实验数据、学生就业、消费等更为复杂和敏感的数据，这些数据必然会引来潜在的攻击者。其中 APT 攻击是大数据时代面临的最复杂的信息安全问题之一。APT 攻击具有高级持续性、潜伏性威胁，利用先进的攻击手段对特定目标进行长期持续性网络攻击，甚至还可以安装远程控制工具。

（四）智慧校园大数据面临的威胁之四：黑客技术

基于云计算、数据挖掘技术的不断发展，黑客攻击手段中也可寻求这方面的智力支持。黑客可以利用这些技术手段对智慧校园数据发起攻击，最大限度地收集、分析如服务器的管理用户信息、注册账号和登录密码、电子邮件等信息，还可以利用安全漏洞进行破解加密、渗透、控制、挟持等攻击。

三、智慧校园大数据安全技术分析

（一）构建智慧校园大数据安全体系

智慧校园大数据的应用过程一般由数据采集传输、数据存储、数据挖掘、数据分布四个环节组成，这一过程可采用如下安全措施予以实现。

数据采集传输要确保所采集数据的完整性、准确性及隐私问题，防止数据被窃取与伪造，需要经过使用者的身份确认、数据加密来进行保护。由于传统的身份确认如口令很容易受到网络骗取和植入木马获取，安全无法保障，目前使用较多的是数字证书＋硬件 USB Key 认证，与使用者实名登记挂钩，并且有一定的使用期限。有条件的情况下，可采用较先进的生物认证，如指纹认证来确认身份。数据的传输则采用封装和拆包，并通过第三方的 JSON（Javascript object notation，Javascript 对象简谱）解析器来进行，加密处理方面可采用 RSA 公钥密码系统。

"十二五"期间是我国智慧校园建设的高峰期，校园网和学校教育信息化设施及应用系统得到了较好的发展，大批量数字化的建设和运用也产生了各种海量的数据。随着近年来云技术逐渐引入智慧校园，云时代下的智慧校园的数据保护依旧面临着许多问题，其中数据安全仍然是公认的关键问题之一。随着大数据技术的不断发展，许多传统的信息安全技术也受到了挑战。在大量数据的产生、收集、存储和分析的过程中，既会涉及一些传统安全问题，也会涉及一些新的安全问题，并且这两类问题会随着数据规模、处理过程、安全要求等因素而被不断放大。而大数据的 4V+1C（volume——大量、velocity——高速、variety——多样、veracity——真实及 complexity——复杂）特征也使得大数据在安全技术、管理和法律等方面面临新的安全威胁与挑战。

数据挖掘一般又称为数据库中的知识发现（knowledge discovery in database，KDD），数据挖掘常用的手段有分类、回归分析、聚类、关联规则、神经网络方法、Web 数据挖掘等。在智慧校园大数据的数据挖掘中，要将主要的精力和时间花费在数据预处理阶段，主要的技术分析包括数据的净化、数据格式的转变、变量的整合以及数据表的链接等，在海量、有噪声、不完全、随机、模糊的数据库中发现有价值的信息，并通过自动化分析，做出归纳推理，从中挖掘出潜在的模式，帮助学校决策者做出正确的判断，制定或调整自己的决策，更好地服务于教学、科研等。

智慧校园大数据数据发布的关键因素是数据溯源。考虑到数据的来源本身的隐私和敏感，在通过技术分析获取数据来源的过程中应注意数据溯源和数据隐私的关系。此外，在智慧校园大数据的大环境下，数据溯源的访问控制尤其重要，因为溯源信息能够伴随数据在云服务期间发生迁移，所以有必要对智慧校园大数据进行有限状态的溯源访问控制机制进行研究，如智慧校园大数据所提供的主体集合、对象集合、属性集合、访问操作集合、访问控制系统的状态集合以及访问控制决策结果等。

（二）构建智慧校园大数据融合安全架构

1. 研发智慧校园 OpenStack 云计算管理平台

智慧校园 OpenStack 项目目标可以提供实施简单、可大规模扩展、丰富、标准统一的云计算管理平台，完全覆盖了网络、虚拟化、操作系统、服务器等各个方面。智慧校园 OpenStack 服务的核心技术包括了 Nova 控制器，为单个用户或使用的群组管理机的创建、开关机、暂停、挂起、迁移、调整、重启、销毁等操作配置内存、CPU 等信息；Swift 对象存储系统允许进行存储或检索文件，以及为 Glance 提供镜像存储服务，为 Cinder 提供卷备份服务等；Glance 虚拟机镜像查找及检索系统提供创建上传、删除、编辑镜像基本信息的功能；Keystone 身份服务提供身份验证、服务规则和服务令牌的功能；Neutron 网络虚拟化技术为用户提供接口，提供网络连接服务；Cinder 存储服务为运行实例提供稳定的数据块存储服务，创建和管理块设备，如创建卷、删除卷，在实例上挂载和卸载卷；Horizon 的设置方便 Web 管理门户，简化用户对服务的操作，如启动实例、分配 IP 地址、配置访问控制等操作；Ceilometer 数据测量主要收集内部发生的事件，为监控和计算提供真实有效的数据汇集；Heat 自动化技术通过模板定义的协同部署方式，实现云基础设施软件运行环境（计算、存储和网络资源）的自动化部署；Trove 数据库服务实现可扩展和可靠的关系和非关系数据库引擎服务。

2. 设计智慧校园虚拟化管理模块

（1）服务器虚拟化指的是介于硬件和操作系统之间的软件层，实现对服务器物理资源的逻辑抽象，将 CPU、内存、I/O 等服务器物理资源集成为一组可统一管理、调度和分配的动态管理的"资源池"，并根据这些逻辑资源在单个物理服务器上构建一个或多个同时运行、相互隔离的虚拟机执行环境，当客户机发生严重故障时，虚拟机管理程序会自动监控到故障，并可以重启或关闭客户机，从而提升资源的利用率。服务器虚拟化可以实现虚拟机提高整个基础架构范围内的保护力度，对计划内的日常维护进行线动态迁移和工作负载，保证业务不中断，可以跨存储实时迁移虚拟机磁盘文件，无中断地迁移到不同种类的存储设备，另外还可以根据客户要求来设置自动备份计划，以增强系统数据的安全性。

（2）网络虚拟化指的是在一个物理网络上模拟出多个逻辑网络，如分布式虚拟交换机 switch、虚拟路由器 router、虚拟 vSSL VPN、虚拟下一代防火墙 vnaf、虚拟应用交付 vAD、虚拟广域网优化 voc 等虚拟网络、安全设备，从而提供一套完整的连接和服务。虚拟化的管理平台甚至还可以实现网络拓扑部署、网络故障探测等网络管理功能。

（3）存储虚拟化指的是将服务器上的硬盘存储空间进行功能集合，形成一个统一的虚拟共享存储资源池，统一提供有用的全面功能服务，如 ServerSAN 分布式存储系统既可以提供高可靠、高性能的数据存储，将一份数据同时存储在多个不同的物理服务器硬盘上，还可以通过 SSD（solid state disk，固态硬盘）缓存来大幅提升服务器硬盘的 I/O 性能，实现高性能存储。

（4）网络功能虚拟化指的是将应用程序、业务流程和可以进行整合和调整的基础设施软件结合起来，利用软件镜像的方式，将网络节点阶层的功能分割成几个功能区块，为各个租户的虚拟应用按需、灵活地虚拟扩展出各种安全和优化方案，同时还便于划分清楚各方的运维职责等。

当前，云计算、大数据已经成为全球最主流的 IT 技术，研究智慧校园大数据未来的安全将作为一种安全能力提供给用户，一是要考虑安全将完全融入 ioas、peas 层当中，为云计算用户的基础设施和管理平台提供最基础的安全保障；二是要考虑在云计算当中形成的安全资源池，其所输出的应用安全、数据安全等安全能力可以提供给 SaaS 层的云计算最终用户。

第六节　智慧教育体系的探讨与智慧校园的构建

以云计算为基础、以物联网为支撑的智慧教育是教育信息化的发展方向，打造新时代的智慧校园是智慧教育的前提条件和物质基础。随着教育信息化进程的发展，学习、教学、科研、管理过程中无时无刻不在产生海量数据。大数据处理以及云计算已经日趋成熟，这些都为智慧校园的构建提供了关键支撑技术。

自从 2008 年 IBM 首次提出"智慧地球"的概念，"智慧地球"战略得到了世界各国的普遍认可。智慧城市作为智慧地球战略的重要组成部分，已被众多发达国家纳入科技发展规划。2012 年 12 月，我国正式启动了国家智慧城市试点工作。教育对未来城市的发展起着决定性的作用。随着交通、医疗、物流、能源等各个领域智慧化水平的不断提升，教育领域面临前所未有的压力和挑战。目前智慧教育的发展水平在我国信息化产业体系中处于落后位置，是制约国家信息化整体水平提高的"短板"。如何提升教育领域的智慧化水平，与其他领域并驾齐驱发展，是未来智慧城市发展面临的重大现实问题。

智慧教育体系立足于成熟的智慧校园建设。我国高校信息化初始于 20 世纪 80 年代，前期十多年主要是校园网络、CAI（computer aided instruction，计算机辅助教学）课件和分散独立的管理信息系统建设。近年来，高校数字校园已经升级为更高层次的高校智慧校园，这些都为创建新时代的智慧教育体系打下了坚实的物质基础。智慧校园是信息技术高度融合、信息化应用深度融合、信息终端广泛感知的数字化校园，它既是一个教学环境，又是一个教学系统，也是一个教学空间，既有教育的特点，又有技术和文化的特征等多重属性。

一、智慧教育体系

智慧教育是指在教育领域（教育管理、教育教学和教育科研）全面深入地运用现代信息技术来促进教育改革与发展的过程。其技术特点是数字化、网络化、智能化和多媒体化，基本特征是开放、共享、交互、协作。智慧教育的核心理念就是充分利用当前社会最前沿的信息技术，建立多层次、创新型、开放式的现代学校，提升办学的质量和效益。智慧教育以新的人才观、教学观和管理理论为指导，超越传统的教育模式，以便于培养适应信息社会要求的创新型人才。智慧教育的发展带来了教育形式和学习方式的重大变革，促进了教育改革，对传统的教育思想、观念、模式、内容和方法产生了巨大冲击。

智慧教育是国家信息化的重要组成部分，对于转变教育思想和观念、深化教育改革、提高教育质量和效益、培养创新人才具有深远的意义，是实现教育跨越式发展的必然选择。未来教育信息化将在教育云平台上展现，随着教育信息化平台的发展而广泛应用。

二、智慧校园的特征分析和构建探讨

打造智慧教育体系要以良好的数字化校园为基础，构建智慧校园。智慧校园是高校信息化的高级形态，是对数字校园的进一步扩展与提升，它综合运用云计算、物联网、移动互联、大数据、智能感知、商业智能、知识管理、社交网络等新兴信息技术，全面感知校园物理环境，智能识别师生群体的学习、工作情景和个体的特征，将学校物理空间和数字空间有机衔接起来，为师生建立智能开放的教育教学环境和便利舒适的生活环境，改变师生与学校资源、环境的交互方式，实现以人为本的个性化创新服务。

智慧校园具有几大特点：从技术层面看，它是一个融合的网络技术环境，是广泛的信息终端；从功能层面看，它能提供快速和综合的业务处理服务、管理与决策支持服务、个性化的信息服务，按需配置教学资源与技术服务；从应用层面看，它还可以应用于智慧课堂、智慧社区。

构建智慧校园的时候，要做如下充分考虑：在学校管理方面，打破校园教学的信息孤岛，实现信息管理一体化、流程化和智能化；在教学资源方面，实现区域内各学校软硬件动态均衡配置，充分共享；在教学应用方面，充分利用信息技术支持师生多样化、个性化的教与学的需求，让教学更轻松、学习更自主、互动更及时、评价更精准；在学习社区和校园文化方面，构建家校互通的、及时分享与交流教育智慧的绿色学习社区。

三、智慧校园的技术结构

智慧校园强调融合，在智能感知技术、物联网技术、移动互联技术、大数据技术和云计算技术的支撑下，高校的物理校园和虚拟校园已经越来越不可分，高校师生的活动已经处于一个物理空间和数字空间融合的智慧校园中，需要建立以大数据为核心，以智能感知为神经末梢，以移动互联为神经网络，以智慧应用为依托，以自适应、个性化用户交互为目标的智慧校园信息化支撑平台，实现高校各项业务的智慧型应用。高校智慧校园的体系结构如下。

（一）智能物理层

智能物理层采用各种智能设备的采集技术，实时获取各种数据，实现对校园内教师和学生的活动状态以及各种智能仪器设备的运行状态等的全面感知，为智慧校园提供采集海量数据的物质基础。

该层综合采用有线和无线网络技术，实时传输各种数据，通过互联网接入各种网络设备，实现台式机大中型终端、手机平台等移动端的 Mobility Anywhere 以及 Seamless Communication，为智慧校园提供宽带泛在的网络基础。

（二）大数据层

大数据层是智慧校园的核心，包括数据存储与计算的物理平台、信息收集与数据管理平台，以及数据分析处理的应用支撑平台，是连接智慧校园各部分、汇聚智慧校园各种信息的枢纽，为智慧校园提供坚实的数据基础。

（三）应用层

应用层包括各种智慧型的校园信息化业务应用，是智慧校园发挥作用的关键，也是智慧校园建设的重点。与传统的校园网 Web 应用不同的是，它更加依附于对大数据和云计算技术带来的智慧数据的采集和挖掘。

（四）应急保障体系

应急保障体系支持各种智能终端，为各类用户提供与其所处环境、所用终端相适应的多屏交互模式。实时交互为各种安全保障提供了可能，包括信息安全保障体系、系统运维服务体系等。这是智慧校园的安全保障环节。

四、构建智慧校园的关键支撑技术

（一）大数据

随着智慧教育进程的推进，学习、教学、科研、管理过程中无时无刻不在产生海量数据，对这些数据的处理依赖大数据技术。"大数据"一词自 2011 年提出以来，已成为当前最为炙手可热的 IT 技术，大数据的来源广泛，包括海量与多样化的交易数据、交互数据与传感数据。大数据技术是一系列收集、存储、管理、处理、分析、共享和可视化技术的汇集。大数据并非等同于大量的数据，它具有两个更加重要的特点：跨领域数据的交叉融合与数据的流动生长。

大数据技术将学校日常运作、管理与服务的数据加以分析整理，构建数据仓库系统加以充分利用，将会发现它们新的价值。例如，在招生就业方面，分析专业与就业的关系，调整学校的专业设置；在教学上，通过对评教、校企合作内容与实习时效等数据的分析，调整教师的教学方式方法，改进人才培养模式；通过消费记录，帮助贫困生进行公平、公正的奖、助学金的评定；通过对图书馆的借书数据分析，调整图书馆的定书管理；等等。这些信息和数据是辅助各级管理人员进行科学决策的重要依据，对学校今后的可持续发展具有十分重要的现实意义。需求分析的中心工作是提出主题需求，主题需求是由单位决策部门及决策人员以及相关单位所提出的一种协助决策需要。

大数据技术最核心的价值在于对海量数据进行存储和分析。相较于数字校园，智慧校园最核心的特征是通过各种智能终端、可感知设备和信息系统，获取海量的活动过程与状态数据，以及基于这些海量数据分析而掌握事物的规律，开展智慧应用。其中最重要的是对于高校大数据的组织与建模，这是挖掘出大数据价值的关键所在。

（二）云计算

云计算基于互联网相关服务的增长、使用和交付模式，通常涉及通过互联网来提供动态易扩展且经常是虚拟化的资源。智慧校园作为复杂巨系统，只有采用开放、整合、协同的信息化架构和可动态配置资源、高可扩展性、按需服务的云计算模式，才能提供很好的基础设施支持。

（三）物联网

物联网利用局部网络或互联网等通信技术，把传感器、控制器、机器、人员和物等通过新的方式联在一起，形成人与物、物与物相连，实现智能化识别、定位、跟踪、监控和管理，为智慧校园提供了物理基础。

（四）社交网络

社交网络包括硬件、软件、服务及应用，是一个能够相互交流、相互沟通、相互参与的全球互动平台。这对于高校师生的交流、协作与知识分享尤为重要，所以也是实现智慧校园的关键技术。

（五）文化管理

文化管理是对文化、文化创造过程和文化的应用进行规划和管理，这是知识人和高校最为重要和经常的活动，所以文化管理也成为智慧校园的关键技术之一。

智慧教育研究还存在很多急待解决的关键问题，主要包括智慧教育基础环境的建设、智慧教育资源的开发、智慧型教师队伍的培养等。我们可以从多方面着手，推动智慧教育建设。

（1）在教学方面，利用现有智慧教育体系，实现教学资源、信息资源和智力资源的共享与传播，同时引进新的创新教学手段和方式，从而形成开放、高效的教学模式，更好地培养学生的自身素养及创新能力。

（2）在办公管理方面，利用智慧教育体系中的网络技术及大数据管理等功能，更好地推进校园 OA 的应用，实现上下级部门之间更迅速便捷的沟通，实现不同职能部门之间的数据共享与协调，提升决策的科学性和民主性，减员增效，降低管理成本和耗材。

（3）在公共服务体系方面，建立覆盖学校教学、科研、管理、招生等各个区域的宽带高速网络环境，建立网络化服务项目，包括电子消费、电子医疗等，深化智慧校园的概念和建设。

第六章　云计算背景下的智慧校园建设

第一节　云平台的智慧校园数据中心设计

智慧校园建设已经成为校园信息化建设的一大主流趋势。智慧校园建设是以物联网、云计算、大数据分析等技术为核心，将校园工作、学习和生活智慧化的一体化环境。这样的一体化环境就是要构建一个安全、稳定、智能的校园。智慧校园建设的核心是构建一个高效、稳定、可扩大的数据中心，这个数据中心不仅仅承担了整个系统的运行，还要承担起系统各模块之间的数据交换、分析和处理工作。云平台也被称为云计算平台，能够提供计算、网络和数据存储的功能。智慧校园的数据中心对于性能和稳定性的需求很高，而云平台能够提供数据计算、网络和数据存储的功能。基于云平台设计的数据中心能够很好地处理这些问题，也能很好地承载智慧校园系统的庞大数据，所以基于云平台设计的数据中心是能够服务于智慧校园系统的。

一、智慧校园数据中心的核心模块

（一）云存储模块

云储存模块是数据中心的三大核心模块之一。基于云平台的数据中心设计，首先要进行设计的模块就是存储模块。其主要设计思路是以分布式文件系统为基础，设计一个能够为智慧校园提供存储的平台。这个模块具体包括三大部分：①服务管理存储，包含文件系统的接口、文件操作、集群节点管理；②系统容错机制设计，主要负责系统的节点故障管理；③系统的扩展性设计，包含集群性能优化和空间利用率优化。储存系统是数据中心的基础，根据智慧校园业务的不同，需要设计不同的存储架构。智慧校园的数据中心存储模块可以根据实际，分别在磁盘、私有云和公有云空间设计架构不同用途的数据存储模块。

（二）网络管理模块

网络管理模块是实现智慧校园中设备与设备之间深度联动的基础。其设计思路是以软件定义技术为基础，通过设备之间的联动设计动态的负载均衡。其主要进行状态感知功能设计和后端业务设计。网络管理模块是各业务系统通过网络进行连接的基础，而本节设计的网络管理模块主要是针对流量突发和后端设备出现故障的情况进行网络监控管理和处理。

（三）数据处理模块

智慧校园的运行需要数据中心对大量的数据进行分析和处理，而这些数据的来源多，数据内容和格式繁杂。本节设计的数据分析模块主要是通过一个通用的计算模型来进行简化数据处理过程的操作。数据分析模块是对于智慧校园中的数据分析、业务处理提供保障的平台。这个模块的主要设计思路是设计一个计算框架，包括数据清洗功能设计和数据分析功能设计。数据清洗功能负责对于各种来源的数据进行处理，使之符合要求；数据分析功能把清理之后的数据输入计算机中进行计算，然后输出正确的分析结果。这样的设计能够避免数据被重复处理的情况，提高了数据中心的处理效率。

二、数据中心云平台设计的架构

（一）基础设施层

基础设施层主要是由服务器、网络设备、储存设备、安全设备和备份设备组成的基础服务设备群组。数据中心的架构不仅仅依靠云存储和云计算，还要整合校园的所有硬件设备和软件设备构成数据中心的基础设施层。这些基础设施能够保障数据中心的安全稳定运行。

（二）虚拟资源层

虚拟资源层是为了更好地实现资源的统一管理和共享。其主要是在虚拟数据中心，按照校园组织和业务需要进行灵活分配，建设一个有一定逻辑的数据中心，为智慧校园提供最合理且人性化的资源共享和分配方案。虚拟技术是为了更好地实现云服务，将各种分散的硬件资源进行整合，然后根据需要进行动态调整，可以说，虚拟资源层打破了服务器、网络、存储等模块之间的实体障碍，使智慧校园系统能够最优地应用资源，同时也能够为数据中心的数据存储和数据处理提供多层面的支持，让数据中心的处理能力得到提升。

（三）云服务统一管理层

随着数字化转型的浪潮，由于业务、安全、成本等多方面因素，物理机和虚拟化环境长期共存、私有云和公有云长期共存的云服务背景需要一个开放的云管理平台，实现资源调度与管理的自动化，并且为上层应用按需、自助、敏捷、弹性地提供云服务。云服务统一管理层是针对目前云平台的多样化和数据中心的安全性而构建的统一管理模块设计。云服务统一管理层能够让数据中心更好地为智慧校园系统提供数据存储、计算和输出等功能的支持。智慧校园的数据中心对于性能和稳定性的要求很高，而基于云平台设计的数据中心能很好地承载智慧校园系统庞大的数据处理。未来一定会有越来越多的数据中心在云平台技术基础上进行设计。

智慧校园的建设热潮方兴未艾，云技术的发展又给智慧校园系统带来新的技术支撑。数据中心是智慧校园系统的核心与基础，智慧校园系统的运行产生了大量的数据，需要数据中心进行存储、输送和处理，所以本节设计了云存储模块，网络管理模块和数据处理模块来实现这三种功能，满足数据中心的基本需求；同时对于数据中心设计架构所需的基础设施层、虚拟资源层和云服务统一管理层进行论述，得出了数据中心架构需要的三大层级。

第二节　云计算环境下的外语移动学习智慧平台

以云计算、物联网技术及校园无线网络技术为基础，为提升外语学习的效果搭建了移动学习智慧平台。物联网支撑的外语移动学习智慧平台能够较好地满足外语学习所需的情景感知交互语境和协作学习，改革了传统教学方法，培养了学生的协作学习能力，并为智慧校园的发展提供了较好的基础。片段式移动学习方式较好地解决了移动学习过程中时间不连续性及环境变化的影响，将先进的教育理念融入物联网、云计算等新技术，使移动学习变成一种主动的、建构性的学习过程，满足了学生的需求。

云计算作为较成熟的技术在各领域得到广泛应用，为教育信息化带来全新的模式，主要体现在智慧化和服务化。随着人们获取各类实时、高效的信息资源的需求不断增加，智能移动设备为人们的生活和学习带来极大便利，使学习变得更加简便和智能化。移动学习具有移动性、个性化、知识性、交互性、时间碎片性、外语教学实用性和趣味性等特点，可以更好地调动学生的积极性，尤其体现了学生的主体地位，因此移动学习将成为新的、高效的学习和教学模式。欧洲和北美对移动学习的范围、内容做了较广泛和深入的研究，但真正大规模的移动学习应用较少，目前仍处于起步阶段。移动学习的研究重点是解决移动学习中教与学的关系、富有成效的学习方法、对学生教学引导模式和移动学习资源的开发与建设等方面。

云计算是采用网格计算和并行计算等网络计算方式将数据和信息采用网络存储、虚拟化存储的方式存储在服务器上，是传统计算机与网络技术融合的产物。云计算将部署在各地的计算资源通过互联网络，按照一定规则组织在一起，即通过云整合互联网上软硬件资源，将各种资源统一部署在云端进行管理和服务，采用分布式和虚拟技术形成计算资源池，提供超级计算及存储能力。后台服务器通过云计算进行大量的计算和存储，而移动智能终端的客户，其软件功能、存储能力和计算能力不受限制。建模预测、数据挖掘等数据处理技术广泛应用于云计算领域中，应用系统可以根据实际需求获取存储空间、计算力及软件服务，深入、高效地挖掘信息，及时响应需求变化。

一、物联网技术

美国麻省理工 Auto-ID 中心认为物联网是采用电子产品代码（electronic product code，EPC）标准，基于互联网技术、无线数据通信及 RFID 技术等，实现全球物品信息的实时共享的实物互联网。物联网通过在各类日用品中嵌入短距离移动收发器，随时随地将人与人之间的沟通连接到人与物、物与物之间，使人类的信息和通信将达到全新的沟通维度。目前，国内普遍引用的物联网定义是，采用各类信息传感设备，如红外传感器、激光扫描、射频识别及全球定位系统等装置，与互联网结合生成巨大的网络，将所有物品与网络连接起来，方便识别和管理。物联网将网络中人与人的互联扩大到包括物在内的所有事物间的互通，它不仅仅使现实中的物品互通，也实现了虚拟世界与现实中事物的互联，有效地实现了人机交互、人与物品交互、人与人社会性的交互等。物联网技术作为智慧校园建设的重要支撑技术，其应用将现实存在的物品自由互通，实现了三维空间与虚拟信息空间的互通互联；应用到教学环境中，所有物品都变得网络化、数字化和可视化，学生在学习过程中能够感知到自然真实场景。物联网技术的应用将提供泛在服务，有效拓展学习空间，使学生更好地将理论知识与相关实例有机结合。

二、智慧校园

"智慧"是指对事物能迅速、正确、灵活地理解和进行解决的能力。智慧校园是以智慧平台作为学习和管理的环境，以物联网为基础的校园应用。智慧校园作为数字校园的跃升，将进一步支持与提升教学，展现多元校园文化，对学校的时空维度进行扩展，把面向服务作为智慧校园的基本理念，基于计算机、无线网络技术构建资源共享、智能的教育环境。智慧校园具有网络无缝互通、环境全面感知、开放学习环境、海量数据支撑及师生个性服务五个特征。大数据是智慧校园的根本，是数据分析的前沿技术，它可以从多样的数据库及海量数据中迅速获取有价值的相关信息。采用大数据深入挖掘与分析学校的数据资源，可以为学校决策提供更有效的数据支持，还能够为因材施教、生活服务和舆论监控等的实施发挥重大作用。目前，智慧校园的解决方案还处于探索阶段，没有在技术上建立统一的技术规范和系统架构。

三、外语移动学习

（一）情景感知的交互语境与协作学习

外语习得的基本条件是语言交际，交互式学习语境为双方或者多方学生参与交际的语言学习环境。利用网络技术构建平台的外语语言学习，通过计算机根据学生的声音语言与肢体语言转换为系统图像与声音，可以使交互学生通过语言、动作图像及声音与网络另一端的真实学生进行真实的交际练习。外语交互语境需要采用上下文感知计算技术，即情景感知技术。上下文描述历史的、动态变化的分层信息，由历史决定一系列的变化关系，根据感知环境进行即时交际语义的完整体现，所以情景感知技术是人际情景交互实现的重要基础和核心技术。

（二）移动学习效果分析

学习效果分析是对学生及学习情景的数据进行收集、测量、分析和报告，以更好地理解及优化移动学习及学习情景，提升学习效率。学习效果分析能够为教师选择教学方案、进行教学优化提供技术支持，也能够为学生自我导向学习及自我评估提供有效数据，为教育研究者进行个性化学习设计及提升研究效益提供参考数据。对学生个人信息及其情景信息内容建模，通过交互文本及系统日志可以得到学习过程的各类信息数据，通过社会网络分析法、参与度分析法及内容分析法等自动化交互文本分析技术，获取学生关注的学习内容、参与度、社会网络、课堂行为信息、学习资源利用情况及学习情况等，是实现学习分析的核心。学生可以通过移动学习平台根据自己的实际情况进行个性化的服务订制，订阅自己关注的内容，从而实现自主学习。

四、外语移动学习智慧平台设计

基于云计算的外语移动学习智慧平台将校园内的各类学习资源进行更细致的分类整理，为师生提供便捷的学习、交流平台，帮助师生随时随地地查询、咨询和处理教学、学习及校园服务信息等。平台为上层应用服务，将数据计算、数据存储、用户认证等进行集中管理和控制。平台包括服务器端和客户端，服务器端接收、存储、处理系统数据，客户端安装于用户的移动智能终端上，学生使用移动智能终端储存、分享信息，平台通过终端为学生提供具体指导。平台采用 SOA，将学校的数据、资源、信息及业务流程按基于服务的方式进行整合，使平台有较强的适应性、可维护性、可扩充性及易用性。

移动学习智慧平台涉及多个因素，系统功能模型包括：移动用户网站、智能移动设备、用户、内容、位置及导航、多媒体传输、上下文、协作与交流、远程支持等。系统需要采用不同技术研发，不同技术开发的组件需要相互兼容，系统需要在不同类型的智能移动设备上运行并兼容，平台的开发需要关注层次间服务的互操作性，可以在不同功能模块间执行程序、通信及传输数据等。

外语移动学习的语境是多种多样的，各种语境需要脱离传统的课堂形式，为满足具有真实语境感的需求，随时随地为学生提供所需信息，并为学生提供可供选择的学习协作伙伴。平台功能采用情景感知技术建构外语交互语境，实现真实的情景语境，工作流程为：在学习过程中，上下文利用传感器为学生提供学习情境，学生用内置 RFID 的移动智能终端读取数据，通过传感器采集学生及交互伙伴或交互空间的原始数据，根据数据进行计算，上下文状态由一系列上下文特征采用 XML（extensible markup language，可扩展标记语言）表示，并形成 XML 文档传递给平台的其他部分，判断是否符合上下文预测系统，推理结果驱动交互，并显示于自适应终端；平台实时检测学生的学习效果，可以从相关数据库中读取更多的学习信息，并传送给学生进行深入学习。情景感知技术感知并控制计算环境中会影响交互过程的情景因素，是计算系统决定反应结果的依据。上下文分为设备上下文、环境上下文及用户上下文，上下文感知是计算系统对上下文内容、变化及历史进行智能的感知及应用，根据上下文调整学生的行为。移动智能终端作为学习设备具有一定的局限性，考虑到移动学习的时间零散化、内容片段化，使用设计简单、短文本及少输入的移动学习资源。移动学习资源与教学目标及学习需要紧密结合，并对学习活动进行设计，贯穿教学设计的思想和方法，发挥移动技术优势，重视学生的移动学习体验。

校园资源模块：充分利用现有的数字图书馆、多媒体视频直播/点播系统、多语种卫星录播共享平台、多语种音视频共享教育资源库、外语早读教育平台，结合优质的外语教育体系、精品视频公开课、精品资源共享课，集成各系统现有数字资源，整合为移动学习资源，构建多语种教育资源库，并与国外语言类名校合作，建设移动资源检索系统，以资源中心门户形式综合展现资源，通过营造国际化外语学习环境，在校园有线网络、无线网络的覆盖范围内，师生可以随时随地通过笔记本、PAD 和智能手机等多种移动设备终端使用智慧平台，进行外语听、说、读、写和译等方面的教与学，并充分利用智慧平台为教师和学生提供个人网络学习空间，进一步提升外语教与学的水平，并实现共享外语教学资源。

校园服务及安全模块：采用组件化、工具化开发模式，通过统一的业务系统建设学校核心管理系统，为师生提供便利快捷的生活和服务等个性化信息智慧服务。智慧平台面临应用系统多、基础设施多、权限角色复杂等问题。为了满足智慧平台的正常运行，需要建立运行维护体系，保障平台安全、稳定、有效的运行。信息标准体系确定了信息采集、数据建模、数据交换、加工处理等过程的标准，实现了信息优化管理和资源共享。智慧平台建设中的安全性涉及运行安全、实体安全和信息安全，实体安全包括设备安全、环境安全和媒体安全等；运行安全包括审计跟踪、风险分析、备份与恢复及应急等；信息安全包含数据库安全、操作系统安全、网络安全、访问控制、病毒防护和加密与鉴别等方面。

外语学习需要充分利用片段时间，随时随地获取知识与信息，因此移动学习具有独特的优势。以学生为中心，采用云计算和情景感知技术挖掘用户有效信息，通过决策系统提供更优质的服务，可以使学生使用移动智能设备更真实、人性化地体验移动学习。在后续的研究中，我们将建立完备的平台安全保密系统。外语移动学习智慧平台作为一种新生事物，目前处于探索阶段，它代表未来校园的建设理念，将为教育领域带来深远影响，具有广阔的发展前景。

第三节　基于云计算与移动技术的数字校园

教育信息化是当前教育发展的主流趋势，也是校园建设的主要任务与目标。教育信息化下，如何应用云计算、移动技术等构建数字校园，并实现校园数字化向智慧化的转变，已经成为校园建设必须要面对的问题。本节对云计算与移动技术做了简单的介绍，主要讨论了基于此技术的数字校园建设方案，并对其发展前景进行了展望，以供参考。

现阶段，多数院校在教育信息化方面已经取得了明显进展，如建设覆盖全校的无线网系统、教学管理系统、教务系统，以及涵盖各个专业的数字图书馆系统。但是，因为尚未对各个系统进行统一规整，所以其资源共享性、信息实时性、数据统一性、登录界面一致性不足，这严重影响了教育信息化的发展与数字校园的建设。而通过使用云计算与移动技术可实现系统的规整，建立多位一体的数字校园平台，从而推进教育信息化的发展。

一、云计算与移动技术概述

所谓云计算，简单来说，就是由第三方通过互联网提供的计算服务，它是 DC、PC、UC、NST、LB、HA 等传统计算机技术与网络技术发展融合的产物。从宏观角度讲，云计算指的是第三方依靠建立网络服务器集群，向不同类型的用户提供软件应用、数据存储、计算分析、硬件租借等不同类型的服务，如三大运营商依靠建立校园网向教师、学生、学校管理层提供上网、档案存储等服务。

所谓移动技术，就是基于移动设备的数据交互通信技术。在当前来看，就是 4G 与 5G。前者适用移动数据、移动计算与移动多媒体的运作需求，拥有高数据传输速度与高智能性，也可提供高质量的通信服务。而后者不仅具备前者的所有功能，还可承载人与物、物与物的通信，可支撑大量终端，又可使个性化、定制化成为常态，真正改变无线网络的困境。现阶段，大多学校已基本实现 4G 与无线网全覆盖。

二、基于云计算与移动技术的数字校园建设方案

（一）总体设计

数字校园建设，首先，要考虑的是学校现行的教学管理模式、组织结构与办学特点，以及师生对于学校网络与各种管理系统功能的实际需要，从而优化系统功能，加强网络建设；其次，要考虑各种管理系统的信息交互性、实时性，创造便捷的交互渠道；再次，要考虑学校各种档案数据的安全与师生的人身安全，强化网络防火墙，建设覆盖全校的监控系统；最后，要考虑各种系统功能的拓展，以便于升级与更新。由此，可以得出数字校园的总体设计框架：以信息化、网络化、数字化为目标，以网络环境为基础，建设涵盖校园每个教育教学环节与管理环节，以及当前所用的各种管理系统的统一平台，学校所有教职工、学生都在这一平台进行学习、交流与生活。

（二）教学系统建设

教学系统包括教学管理、教务处、图书馆及实验室系统等重要组成部分，在其建设过程中，需要基于云计算与移动技术建立统一的门户平台，以实现对这些分系统的集成应用。此平台有五种登录页面，按角色划分权限，提供针对性的服务，如管理员可对平台进行测试、维护与系统更新，教师可从平台中向学生发放像毕业设计题目、实验题目等的任务及学习资源，学生可在学校局域网下从平台中搜索学校购买的各种学习资料并上传作业与学习成果，学校管理者可对平台信息进行更新，而游客只能从平台中了解到学校大致信息。此外，此平台只需用一个登录账号及密码就可进入各种分系统，避免了师生在多系统间游离的情况，如学生用学号与自设密码，教师用学校统一派发的账号与自设密码。

（三）风险监控系统建设

风险监控系统包括信息安全监控系统与校园安全监控系统两部分，此系统具有如下功能：对校园教学系统、公共场所进行全面的监控，预测可能出现的信息安全风险，对其进行自动排除，对校园监控异常情况进行警报，预防校园袭击事件；对校园重要场所进行监控，以防信息泄露与设备损坏。在其建设过程中，需要基于云计算与移动技术建立统一的身份认证平台，以保证信息安全与校园安全。此平台能够对各类网络访问进行安全审计，并以校园卡、身份卡认证的方式识别可疑人士。值得一提的是，风险监控系统功能与统一身份认证平台功能的实现，依赖于校园监控设备与网络防火

墙，所以还需加强这部分的建设。

（四）校园网建设

校园网包括 4G 网络与无线网络两部分，在其建设过程中，需要安装与学校规模相符的网络基站与无线路由，并定期对其进行升级与更换。一般情况下，学校都会将校园网的建设外包给运营商，这就牵扯到了校园网的使用资费问题。不少学校对学生的网络流量有所限制，超出一定数值如 20 G、50 G 就会收取更多的费用。而学生又会在网络上花费大量时间学习、娱乐，所以他们的生活费有相当一部分用来支付上网费。对此，学校应当适当调整网络收费标准，在能力承受范围内尽可能地给学生提供优惠。

三、基于云计算与移动技术的数字校园前景展望

我们可以将云计算与移动技术的联合应用称作移动云计算，在此技术下，数字校园正在实现从数字化向智慧化的转变，逐渐成为一个泛在的共生教育社区。而"互联网＋教育"则成为教学研究、教学模式改革的主流，教师在网络环境下开展以课例、案例为载体的教研活动，从学科中心转向问题中心，解决问题所存在的多种可能取向。另外，资源云也会被广泛使用，给师生提供新的沟通渠道及更多的自主创新选择，实现教学资源的共享，实现学生不同阶段的信息互联，为学校教育信息化发展与管理奠定数据基础。在这样的发展形势下，信息素养会成为师生必备的关键素养，信息化能力的提升会成为他们发展的必要条件。

基于移动云计算的数字校园建设，需要对当前的校园情况及师生的实际需求进行全面的考虑与分析，在优化硬件设施建设的同时，加强网络环境建设，同时对分散的各种教学系统、风险监控系统进行规整、统一，从而推进教育信息化的发展。

第四节　构建基于云网络的智慧校园

院校的数字化随着信息技术的不断发展，特别是对校园内的信息共享、运算、传输、存储等要求也越来越高，逐渐向信息融合、集成、虚拟化推进，应用云计算与网络的优势来实现校园的智慧化已经成为校园信息化建设的必然趋势。本节分析了高校在智慧校园建设中存在的问题，并针对实际情况提出应用云计算与网络实现智慧校园的发展方案。

根据国家教育改革和发展信息化建设的要求，要以建设教育信息化基础设施与人才培养为基准，以教育信息资源建设与开发应用为重点，以提高高校信息化建设、提升各类信息化技术应用水平为目标，建设教育信息资源公共服务平台，因此，高校在

智慧校园建设当中，需以培养应用型人才为服务中心，积极做好信息化建设。但是就目前调研实际情况来看，院校的信息化建设还未达到建设要求，其中完成的仅仅是最基础的建设，如仅有门户网站信息系统；而就校园的其他部门而言，仅有针对招生的招生系统、学生就业系统、教学科学处的教务系统、无纸化办公的 OA 系统；而且各部门之间的信息业务来往受限于各个部门的物理位置，并未达成一致的信息共享，所以形成较强的信息孤岛现象，导致工作效率低、惰性较强。因此，建立信息真正共享的云网络智慧校园意义重大。

一、院校信息化现状与问题

（一）缺乏顶层建设

院校的信息化发展较慢，特别在信息化技术人才缺乏的情况下，显得信息化的发展更慢。问题体现在缺少整个信息化建设的统一顶层设计，目前现有的如数字化校园的建设、学校网站群的建设、档案管理系统、OA 办公系统、图书馆管理系统等，每一类信息系统都相互孤立，有的甚至利用率也较低，各管理员之间也缺乏沟通，各自为营，造成系统间无互通接口、信息数据孤立，由于管理人员技术有限，有的较简单的旧系统升级等也变得较为困难，所以只有将各个系统联通起来，统一由信息技术较强的管理人员管理，才能弱化该问题。

（二）缺乏统一身份认证

各信息系统因管理部门的不同而出现身份认证、多重角色，同一个用户出现多个身份认识、账号，或者由特定部门管理员规定的账号，或者工号，又或者自己注册的账号，导致一个人需要多个账号与密码，容易丢失，安全性也不好。若是统一的初始密码没有及时进行自行修改，使他人根据规律破解，管理员也不容易发现问题，就会造成损失与事故。另外，每个特定阶段的各用户变更，对于管理员管理也极其不方便。因此，这就需要真正地统一身份，至少使用工号/学号进行统一识别管理。

（三）缺乏数据信息融合

由于各系统的服务不同，信息的软硬件环境不同，特别是数据量处理频繁的部门，无论对于管理员或者用户，均存在用户体验感较差的问题，突出表现在数据采集或上报数据信息上，教务处、人事处、各分院采集更新教职工科研、基本情况、教学等信息，存在同一信息采集多次，且导出格式、版本均可能不同的现象，而且信息采集可能存在异同，数据的准备性较弱，且数据的存储安全性能较差，丢失率也较高，这大大增加了管理人员的工作量。

（四）缺乏信息化基础设施与管理

就调研情况来看，院校的信息化基础设施较弱，信息无法实时共享、查看，如校园各区域网络覆盖不足，或者网络无法使用，故障较多，且校园网络管理比较混乱，IP 分配不规范，重要服务器、软件等的 IP 和普通用户的没有明显区别开，导致整个管理较紊乱，也给维护人员带来不便。

二、构建基于云网络的智慧校园解决方案

（一）建设顶层架构

通过对整个学校职能部门机构进行走访、座谈等方式，进行业务工作的详细调查与分析，做好规划工作。运用 MIS（management information system，管理信息系统）知识，进行统一的顶层架构建设，先对整个学校部门进行组织机构的划分，确定系统范围，然后分析业务流程，构建各大数据流程，同时构建基本技术架构、统一数据库与统一平台等。

（二）建设数据信息融合规范

要实现数据信息融合，必须建设统一规范，包括信息编码、采集、共享、存储等的规范化、科学化、统一化，这不仅使用户使用更加顺畅，而且也使业务部门之间的信息交流更快速、准确、安全。充分发挥信息化带来的便捷，也为各子系统的数据交流发挥潜力，挖掘更多的数据信息。

（三）提升校园网络覆盖率

以前只有有线校园网，现无线网络已经覆盖多处主要活动区域，但还存在个别区域的有线未切换，或者未双重保证，因此需要加大无线网络的覆盖区域，争取达到移动网络无缝链接。有线网络 + 无线网络双重保障机制支持 802.11X 无线协议与 WPA2-PSK/WEP 加密方式，可以有效避免原有分配 IP 的管理不足，提升办公时效性，使所有的校园网用户体验感增强，摆脱了旧式拓扑结构的局限性以及管理不足。

（四）成立智慧校园建设领导小组

由于智慧校园建设中需要以物力、资力、人力、技术等为主的必要资源，也需要各业务部门间的全力积极配合，各种讨论会议、动员大会等伴随整个建设的过程，因此成立智慧校园建设领导小组是非常有必要的，需要以院发文件为准，拟定学校的信息化建设领导小组，包括组长、副组长、成员等，建立建设、技术支持等工作的对接部门。

（五）建立云计算的统一门户

在"无线＋有线"校园网的环境支持下，建立统一的云计算门户登录系统，在此平台上，实现唯一认证登录，而相关部门的系统集成无论进入哪个子系统模块，只通过唯一账号登录即可，即教务系统、人事系统、校园网管理、学生资助系统、图书馆管理系统等信息都可查询，并且后台可以根据用户的活动数据进行大数据、云计算分析，实现其他数据用户学习、工作活动状态分析等，帮助系统更好地判断与分析。

（六）建立移动版访问系统

由于个人移动终端的普及，越来越多的用户喜欢在移动终端上完成信息的查看、共享和学习等。手机微信公众号是获取即时信息的平台之一，所以可建立企业微信公众号，如校园办公、多媒体故障、申请教室、人事签到、请假、点名、查课表、学习视频等一系列包含教师、学生在内的所有用户信息来往；对于学校的门户网站可进行升级移动版本，以适应手机等移动终端的实时访问，提高用户使用率。

（七）实现一卡通的智慧化

学校应用了数字一卡通，但未达到智慧化效果，各一卡通子系统需要联通应用，实现消费、门禁、考勤签到、图书馆、水房等的联通，同时要求数据可以在云平台上查询显示，真正实现智慧功能。

（八）搭建智慧校园的统一管理环境

建设智慧校园的云平台、校园网，就必须要搭建足够支撑整个智慧校园的中心机房环境，实现服务的统一管理、统一维护，网络安全的舆情监控以及演练预案，定期安全检测，做好病毒入侵防御以及系统数据的备份、灾备等。

第七章　可持续视域下高校校园体育文化建设

第一节　高校体育资源可持续发展研究

高校体育资源在推进高校体育教学发展和服务社会方面发挥着十分重要的作用。高校体育资源同社会资源相比有较大的优势，一方面高校拥有大量的体育物质资源，另一方面高校拥有深厚的体育文化资源。对高校体育资源的可持续性进行开发，能够推动体育教学的发展，培养大批高素质人才，同样也可以更好地为社会提供服务。

高校体育资源是高校进行体育教学活动的重要支撑，也是提高体育教学质量的基础条件。目前，高校体育资源管理工作比较落后，管理效果比较差，导致部分体育资源的教学价值没有得到充分发挥，这一方面导致了高校体育资源的严重浪费，另一方面也不利于提高高校体育教学水平。为此，必须加强高校体育资源的管理工作，在服务于高校体育教学的同时，实现体育资源的可持续发展。

一、高校体育资源的内涵

从整体上看，高校体育资源可以具体划分为狭义和广义两个方面。卢文君在研究中指出，广义的高校体育资源指的是与高校体育教学工作有关的教学场地、体育器材、教学人员等一系列相关的人、财、物；狭义的体育资源仅仅指的是与教学活动密切相关的教学场地、教学器材等资源。在高校体育教学当中，有形的体育资源保障了高校体育教学工作的顺利开展，提供了重要的物质基础条件；无形的体育资源确保学生能够喜欢体育课程，从整体上看能够为体育教学工作提供精神上的支撑。两种体育资产和体育资源是相互辩证的，缺一不可，共同推动高校体育教学发展。

高校体育资源应该包含以下两个属性：一是高校体育资源具有实用价值；二是高校体育资源是现实的或者是潜在的生产要素。据此，在进行研究时，认为高校在进行体育教学时利用的一切条件和要素都是体育资源，其中不仅包括物质方面的，同样也包括人力方面的。

二、高校体育资源可持续发展的影响因素

（一）经济水平与高校体育资源可持续发展

体育资源的开发和利用是建立在一定的经济状况之上的，高校体育资源的开发和利用同样受到自身物质条件的影响。在市场经济环境中，高校体育也在不断走向市场化和产业化，但是受到传统的计划经济体制的影响，目前我国体育事业发展的市场化水平比较低，高校体育也同样如此。同时，由于我国不同地区的经济水平还存在较大的差距，导致不同地区的体育经费存在着较大差距。从整体上看，当前高校的体育经费缺乏，并且体育经费来源单一，使高校体育资源无法补充而影响了我国高校体育资源的可持续发展。

（二）体育文化环境与高校体育资源可持续发展

体育是人类社会在发展的过程中形成的一种独特的人类文化形态，体育文化和其他人类文化是相互影响和相互借鉴的，其他文化可以以体育为传播媒介，体育同样能够借助社会文化得到拓展。在我国进行社会主义现代文化建设的过程中，始终强调物质文明和精神文明共抓，从整体上看，体育属于精神文明。但是，高校在进行体育资源开发时注重短期效果和经济利益，对高校当前的体育资源造成严重破坏，为高校体育资源的可持续性发展带来不利影响。

三、高校体育资源可持续发展路径分析

（一）制定合理的管理政策

在我国高校体育教育发展的过程中，应根据高校体育教学的实际需求，实现体育资源在高校间的合理配置，从宏观利益出发，实现高校体育与社会经济的协调发展。高校体育在我国体育事业中占有十分重要的地位，针对当前高校体育资源开发和利用中存在的问题，必须制定合理的措施加以解决。首先，采取行政手段促进高校体育资源的优化配置。在我国高校体育资源组成中，体育资源的来源比较单一，大部分体育资源依靠国家拨款进行建设。但是，在体育资源建设的过程中，由于国家对不同高校的投入比例差别过大，导致了高校体育资源配置严重不合理。这不仅体现在物质资源方面，而且也体现在人力资源方面。为此，国家必须制定合理的措施，在完善不发达地区体育物质资源的基础上，通过优惠政策改变西部高校人力资源紧缺的现状，促进高校体育资源合理配置。其次，在社会主义市场经济环境当中，为了实现高校体育资源的可持续发展，必须努力促进高校体育的产业化和市场化，这样能够为高校体育资

源的市场利用提供重要的基础条件。

（二）加强对高校体育资源的管理工作

首先，在加强高校体育资源管理的过程中，必须转变传统的管理理念，在市场经济环境下，高校体育资源可以对社会开放，实现市场化、产业化管理和经营。通过提供有偿的服务能够为高校体育发展提供重要的资金，在此基础上能够不断丰富高校体育资源，形成良性循环，推动高校体育资源的可持续发展。其次，要加强高校体育人才队伍建设。21世纪是知识经济时代，人才在经济发展和社会发展中起着越来越重要的作用。在市场经济环境下，通过建立高素质的人才队伍能够实现对高校体育资源的可持续利用，也能充分发挥高校体育资源在我国体育事业发展中的重要作用。建立高素质人才队伍一方面需要对当前学校教师进行职后教育工作，提高其综合素质和综合能力；另一方面需要招聘一批高素质人才，这些人才不仅要有专业的体育知识，同时也要具备体育资源开发和应用的能力。最后，加强高校体育基础设施建设。高校必须采用多种渠道筹集资金，为体育基础设施建设提供重要支持。同时，高校在发展的过程中需要采取科学的管理制度，优化资源结构，并不断开发新型体育项目设施。

（三）共享高校体育资源

高校体育资源共享指的是在对高校体育资源进行开发和利用的过程中，学校学生、社会个人或者是社会机构利用学校的体育场地和体育设施进行学习和锻炼，学校的体育设备和体育场馆对社会开放。随着全民体育运动和终身体育运动的兴起，人们参与体育运动的意识越来越强烈，需求也越来越大，但是目前我国社会中的体育场馆和体育设施难以满足群众的需要，因此学校可以有偿开放体育场地，满足社会需要。这样一方面可以为高校体育发展筹集建设资金，另一方面可以服务社会，能够实现高校体育资源的可持续发展。

随着高校体育教学的不断发展，如何进一步丰富高校体育资源并加强对高校已有体育资源的利用，是高校体育研究工作中的重点，也是提高高校体育资源利用水平、促进其可持续发展的重要前提。因此，在对高校体育资源进行管理时，需要实现高校体育资源的市场化、产业化，实现高校体育资源与社会共享以及管理的科学化等。只有开发与保护并行，才能推动高校体育资源的优化和可持续发展。

第二节　校园足球文化促进足球运动的可持续发展

校园足球文化的构建对于学生身体素质的提升和综合能力的发展具有正面的影响。它不仅能够满足国家阳光体育运动的号召，也可以激发学生从事足球运动的热情，促进足球事业的可持续发展。本节主要从校园足球文化构建的重要性和校园足球可持续发展的对策分析两个方面，对校园足球文化构建与足球事业的可持续发展进行简单的论述，提出建立校园足球文化理念、保证校园足球运动的有序开展，灵活开展校园足球文化活动、提升学生的足球综合技能水平，注重日常足球外显文化设计、营造良好的校园足球文化氛围等相关建议。

校园足球文化的发展和校园足球文化的构建能够使更多的学生深入认识并感受足球运动的乐趣，培养学生的足球兴趣和体育精神，促进足球事业的可持续发展，对于我国足球事业的进步具有积极的影响。为了更好地研究和分析校园足球文化的构架对足球可持续发展的积极影响，本节主要结合实际教学经验，从构建校园足球文化的角度来谈如何促进足球的可持续发展，并提出一些个人的观点和建议，希望能够对校园足球文化的构建和校园足球的可持续发展产生一定的积极影响和借鉴意义。

一、校园足球文化构建的重要性

校园足球文化的构建能够提升学生的身体素质，激发学生的足球运动参与热情；营造良好的校园足球文化氛围，促进足球运动的可持续发展。

（一）增加学生对足球知识的理解，激发学生对足球运动的参与热情

校园足球文化的构建对于学生身体素质的提升具有积极的影响。足球是学生十分喜爱的运动项目之一，而在学校中开展校园足球运动，能够在激发学生足球运动参与

热情的基础上，使学生得到充分锻炼，在自由的奔跑和运动当中感受足球运动的乐趣。在构建校园足球文化的过程当中，学校还可以通过举办校园足球比赛或者各类以足球为主题的文艺活动、演讲活动等，丰富校园足球文化活动和体育活动的形式，让学生能够在丰富多彩的足球运动和足球文化活动当中加深对足球运动的理解。

（二）营造良好的校园足球文化氛围，构建阳光的校园运动形象

学生是校园足球运动的主要参与者，校园足球文化的构建能够使学生积极参与到校园足球运动当中，在增强学生身体素质和综合能力的同时，营造良好的校园运动文化氛围，积极响应国家阳光体育运动的号召，树立阳光的校园形象。

（三）培养更多的足球运动预备人才，促进足球运动的可持续发展

我国当前足球运动员后备人选的培养通常是在体校或者足球专业队中进行挑选，这种足球运动员后备人才的挑选模式带有一定的片面性。校园足球文化的构建能够使每一位学生加深对足球知识和足球运动的理解，从而积极地参与到足球运动当中，使足球运动能够真正回归校园，解除半封闭化或者全封闭化的足球训练为学生带来的精神压力，真正使每一位学生都能够在学习文化课程知识的同时，利用课间休息时间感受足球为他们所带来的乐趣，缓解学生的精神压力和视觉疲劳，拓宽我国足球运动预备人才候选的范围，使我国的足球运动尤其是竞技足球运动形成良性循环，推动足球运动的可持续发展。

二、校园足球可持续发展的对策分析

校园足球可持续发展可以通过树立校园足球文化理念、保证校园足球运动的有序开展，灵活开展校园足球文化活动、营造良好的校园足球文化氛围等方式来推动和实现。

（一）树立校园足球文化理念，保证校园足球运动的有序开展

足球文化的可持续发展需要一定的制度保障。在校园足球可持续发展的过程当中，要建立明确的管理制度和管理实施办法，从而保证校园足球运动的有序开展。

首先，学校要加强对校园足球文化氛围建设的重视程度，将足球运动与学生的成长、发展联系起来，使足球成为校园文化建设的重要组成部分。学校可以结合学生的成长、发展规律，制定完善的足球文化制度，定期开展足球比赛或者有关足球的文艺活动，并建立健全竞赛规则，使每一位青少年都能够了解足球并热爱足球。

其次，学校要推动对青少年足球运动场地的建设，使更多的学生能够参与到足球运动当中，并保证青少年足球运动的安全性，为校园文化活动增添色彩，并使每一位学生都能够在这种浓郁的校园足球文化氛围当中爱上足球运动，营造良好的校园足球文化氛围。

最后，学校也要与相关的政府职能部门进行紧密的联系，可以在政府的支持和鼓励下，组织并参与一些校内、校外的足球比赛活动，检验学生的足球水平，促使学生掌握更多的足球运动技巧，学习他人的优秀经验，不断提升自身的综合能力；在足球比赛中，培养学生的团队精神和合作意识，真正展现校园足球文化的意义、价值，促进足球事业的可持续发展。

（二）灵活开展校园足球文化活动，提升学生的足球综合技能水平

学校应积极响应阳光体育运动的号召，结合自身的特点和学生的实际，开展校园足球文化活动，推动对校园足球活动正确的舆论导向，加强宣传教育指导，使每一位青少年都能够对足球有所认识、产生浓厚的足球锻炼兴趣并积极参与到足球锻炼当中，营造浓郁的校园足球文化氛围，提升学生的足球综合技能水平。

例如，学校可以每个月开展一次足球文化活动，文化活动可以以足球比赛的形式开展，也可以以足球文艺类活动的形式开展。足球文艺类活动可以以足球知识竞答、足球知识科普活动等方式来开展。学校可以积极借助校园广播以及多种信息技术手段，辅助足球知识宣传活动。同时，在体育课程中，体育教师要注意教授一些足球知识，使学生能够更加全面、深入地理解足球的魅力和足球运动的乐趣。另外，学校也可以将足球元素融入校园广播操当中，丰富校园广播操的形式，促进校园足球文化的创新。

同时，学校可以专门聘请足球教练，指导学生学习专业化的足球运动技巧，使学生的足球技能水平更加专业化，对于一些具有足球运动兴趣的学生，可以进行适当的潜能挖掘，如果学生具备一定的足球运动天赋，可以在父母的支持下进行重点培养。构建校园足球文化，要让足球运动在校园中"遍地生花"，使全校范围内都洋溢着足球的气息，使师生热爱足球运动，积极参与足球运动，促进足球运动的可持续发展。

（三）注重日常足球外显文化设计，营造良好的校园足球文化氛围

学校中的日常外显文化设计对于学生的思想形成具有深刻的影响，所以在校园足球文化构建的过程当中，要充分借助校园足球外显文化设计，使学生在潜移默化中对足球产生深刻的理解，使学生热爱足球，并积极参与足球运动。

比如，学校可以组织学生为每个班级设计一个足球口号，使每个班级都能够拥有自己独具特色的足球口号。在校园文化建设中，可以通过张贴足球明星海报、在学校的墙报上张贴足球知识讲解等内容，使学校中处处都充满着足球元素，在构建校园足球文化的同时，促进我国足球事业的可持续发展。

校园足球文化的构建对于我国足球事业的发展具有积极影响，学校要结合自身特点，通过树立校园足球文化理念、保证校园足球运动的有序开展，灵活开展校园足球文化活动、提升学生的足球综合技能水平，注重日常足球外显文化设计、营造良好的校园足球文化氛围等方式，将足球元素融入校园文化建设当中，推动足球事业的可持

续发展。

第三节　论体育与自然环境和谐、可持续发展

体育运动是人类的重要活动和重要生活方式。现代人为了强身健体、增加生活乐趣，酷爱体育运动，尤其热爱户外活动。各国高度重视发展体育运动，通过举办体育赛事实现国际交往、增进友谊和扩大影响、提高综合国力，为此申办各种国际比赛，特别是奥运会成为各国竞争最大的赛事。随着我国人民生活水平的提高和休闲时间的增加，热爱和参与体育运动的人群不断增加，导致城乡人们的体育活动需求与体育公共场地不足的矛盾日益突出，体育设施过度建设对自然环境的破坏也日益增加，自然环境的恶化给人们造成的伤害也日益增大。这些问题不能不引起我们的高度重视，我们必须了解体育与自然环境和谐、可持续发展的关系，寻找正确处理体育与自然环境和谐、可持续发展的办法和措施。

可持续发展是人类社会认识世界、认识自身的高度智慧成果。可持续发展是一个包括人与自然、人与人、当代与后代、国与国以及区域之间协调关系的系统工程，它要求实现人口、社会、经济、资源与环境之间的和谐与均衡，以人的全面发展为中心，构建生态和谐、社会公平与经济高效的可持续发展社会。体育运动是人类的重要活动和重要生活方式，是人类实现生活改善、延续生命的重要手段，也是人类促进国际交往、增进友谊和团结的重要形式。自然环境是人类从事体育活动的载体，为体育运动的运行和发展提供场所、资源，同时自然环境又影响和制约着体育的运行和发展、体育运动需求、体育社会活动开展和体育交往；体育活动既依赖自然环境，又破坏自然环境。显而易见，体育与自然环境是相互依赖、相互制约的关系。任何人类活动对自然环境都有一定的影响，举办大型运动会对某一个国家或地区的经济发展做出贡献的同时，也给该地的生态环境产生了巨大的影响，体育发展与环境的冲突已成为一个不容忽视的问题。对于如何协调体育与自然环境的关系，实现二者相互促进、相互发展，本节从二者的关系入手，探讨解决的基本思路和办法。

一、自然环境和谐、可持续发展与人类生存和发展息息相关

（一）自然环境和谐、可持续发展是人类社会可持续发展的基础条件

可持续发展的基本含义是保证人类社会具有长远的、持续发展的能力。社会的可持续发展客观上要求自然环境也要可持续发展。现代文明是通过开发、利用自然资源发展起来的，但同时也对自然环境造成了巨大破坏，据统计，全世界每年有 1500 万人

死于环境污染、18 亿人饮用污水而患病，每分钟全球耕地损失 40 公顷、沙漠化增加 11 公顷、森林消失 21 公顷、85 万吨污水排入江河湖海、4.8 万吨沙流入大海。自然界已经危机四伏，被破坏的生态环境屡屡向人类发起挑战，地震、海啸、飓风等自然灾害时有发生，地球向人类发出了严重警告，人类生存已岌岌可危。

（二）自然环境和谐、可持续发展是人与自然和谐的前提条件

人类为了生存和发展所进行的资源及能源的开发和利用是必要的，但是所有开发和利用都应当从整个自然界出发，全面、科学地考虑地球环境的生态系统，在保护自然环境、维持生态多样性的基础上，实现人和自然之间的协调。全世界的人们必须同心协力，自觉地从社会利益出发，维护人类赖以生存的自然环境。没有自然环境和谐、可持续发展就没有人与自然的和谐。

（三）加强自然环境保护是自然环境和谐、可持续发展的关键

大自然对人类的报复和人类战争对自然的破坏等惨痛教训告诉我们，必须合理开发和保护自然环境，不能肆意践踏和违背自然规律。如今世界各国开始重视环境保护，多数人开始自觉保护环境。泰国、斯里兰卡、印度尼西亚等国已把环境保护列入教育计划，通过环境教育使学生增强保护环境的责任感。日本把"传授环境知识、培养解决环境问题的技能"作为环境教育的目标。德国人民有着强烈的环境意识和较高的环境素养。美国、加拿大、澳大利亚等在环境保护方面都有成功的经验与做法。只有全人类的自然环境保护意识被唤醒，并切实施行环境保护措施，我们赖以生存的地球才能存续，人类才能得到更好的发展。

二、体育运行和发展必须遵从和适应自然环境

（一）体育有利于人的和谐发展

体育是社会发展与人类文明进步的一个标志，体育事业的发展水平是一个国家综合国力和社会文明程度的重要体现。体育作为一种群众广泛参与的社会活动，不仅可以增强人民体质，培养人们勇敢顽强的性格、超越自我的品质、迎接挑战的意志和承担风险的能力，而且还有助于培养人们的竞争意识、协作精神和公平观念。体育对丰富人们的文化生活，弘扬集体主义、爱国主义精神，增强国家和民族的向心力、凝聚力，起着十分重要的作用。体育是促进友谊、增强团结的重要手段。通过体育活动，能够扩大人们的情感交流，增进人与人之间的相互了解，改善人际关系乃至国际关系。因此，必须大力发展体育事业，促进人的和谐发展。

（二）体育和自然环境需要和谐发展

体育和自然环境是相辅相成的关系。一方面，自然环境提供了体育运动运行和发展的场所、资源，但同时影响和制约着体育的运行和发展、体育运动需求；另一方面，体育活动是人类的刚性需求，体育人口的多少影响着体育活动对体育场馆的需求和建设规模，日渐扩大的体育队伍和日益增加的体育设施改变着自然环境的面貌，从而影响自然环境的相对平衡。如何使体育和自然环境和谐发展？千百年来，随着体育运动在人类社会文化中的兴起，特别是以奥林匹克运动为代表的大型竞技赛会的兴盛，激发了人们对自然环境的利用、开发，如高山滑雪、高尔夫球场、水域项目、海滨冲浪和浴场等，从而使体育运动更加影响了地理面貌。如何才能保障和促进体育和自然环境和谐发展值得认真思考和研究。

（三）人与自然必须和谐发展

自然环境是人类生存、繁衍的物质基础，保护和改善自然环境是人类维护自身生存和发展的前提。这是人类与自然环境的关系的两个方面，缺少一个就会给人类带来灾难。我们必须明白，为了生存、发展，我们要依赖环境和资源，要开发、利用环境和资源，这就必然会破坏环境和资源；为了永续生存和发展，我们必须保护好自然环境和资源，人与自然必须和谐发展、良性发展和循环发展，不能无限制地向自然索取资源。因此，保护环境、保护资源已经刻不容缓。

三、切实保障和促进体育与自然环境和谐、可持续发展

（一）推动环境教育，促使体育与自然环境和谐发展

坚持可持续发展办体育是唯一的选择，必须注重人、社会、环境三者的协调发展。而要实现这个目标，环境教育至关重要。环境教育不只是概念的认知，而且是行动的教育，需要亲身经历与体验，了解人与环境的互动，培养对环境的尊重及解决环境问题的能力。人类活动给环境带来的影响只有通过人类提高理性认识才能根本解决。环境教育是社会可持续发展的要求，也是解决环境问题的根本途径。悉尼为了保护自然资源，在奥运会场馆周围设置若干太阳能装置用来照明，并用树皮覆盖裸露地，以保持水土；雅典则在 1500 公顷的土地上种上 30 万棵树、100 万棵灌木和 1100 万棵幼树。这些做法值得借鉴和推广。

（二）制定规则，促使世界体育事业可持续发展

国际奥林匹克委员会（以下简称国际奥委会）最关注的问题之一就是奥林匹克运动发展与环境保护。为了确保奥林匹克运动的可持续发展，国际奥委会已制定了一系

列的环境保护措施,在1995年瑞士洛桑会议上,国际奥委会成立环保委员会,1996年《奥林匹克宪章》将环境列入国际奥委会的任务之一。后来,奥运会举办国和举办城市积极响应国际奥委会的号召,遵循奥运会环境保护规定。1984年第二十三届洛杉矶奥运会开始,国际奥委会和奥运会主办城市逐步将体育与环境融合在一起。汉城为了举办1988年第二十四届奥运会,采取多种措施改变能源结构,控制煤烟型污染,使用清洁能源替代燃煤。2000年第二十七届悉尼奥运会提出了"绿色奥运"的口号,其"绿色奥运"的理念深受称道。2008年北京奥运会高举"绿色奥运、人文奥运、科技奥运"的旗帜,举办了最好的一届奥运会。

(三) 立即行动,加强监管,切实保护自然环境

国际奥委会加强奥运会举办国和举办城市的奥运场馆建设与环境保护的监管,把奥运场馆建设与环境保护政策、措施作为申办的必要条件提出并严格审查;各国对体育运动的开展与环境保护也要立法,并切实依法行政,落实体育场馆建设与环境保护措施,不得过度建设,肆意破坏自然环境,对破坏自然环境行为依法严惩,并责令修复,确保体育运动开展与自然环境保护相得益彰。世界各国人民也要立即行动起来,直接参与保护自然环境,科学利用城乡自然环境组织开展体育运动,保障和促进体育与自然环境和谐、可持续发展。

(四) 可持续发展的前提与基础是环境资源的可持续供应

自然环境是人类生存、繁衍的物质基础,保护和改善自然环境是人类维护自身生存和发展的前提。体育运动是人类的生存和活动方式,适度建设体育场馆是必要的,但过度建设既浪费资源,又破坏环境,必须有效制止。人类只有朝着保护自然环境及合理使用自然资源的目标前行,才能使体育与自然环境二者相互促进,相互发展。

第四节　加强体育文化引领作用,
助推阳光体育可持续发展

"阳光体育运动"的初衷是要通过阳光体育的抓手作用,吸引广大青少年学生走向操场、走进大自然、走到阳光下,积极参加体育锻炼,培养体育锻炼的兴趣与习惯,掀起群众性体育锻炼的热潮。但是,在片面追求升学率的高压之下,"健康第一"往往被"升学率第一"所替代,学生体质健康仍然存在一些问题。

短暂的热浪过后并没有留下太多痕迹,阳光体育的抓手作用也不尽如人意,学生的体育锻炼兴趣与意识依旧没有得到很好的改善。如何让"阳光体育"深入每个学生的心中,从根源上找寻学生体育锻炼缺乏的原因,从根源上改变学生对体育认识的误区,

让学生像爱计算机一样爱体育，是摆在我们面前的一个严峻问题。

本节运用文献资料法、逻辑推理法、逻辑分析法等研究方法，分析了阳光体育运动开展遭遇的困境，探寻阳光体育发展的内在机理，指出阳光体育践行的关键在于学生个体的主体自觉，研究目的在于挖掘体育文化的引领作用，内在地激发个体参与体育的动机，从而为阳光体育的健康、可持续发展提供理论基础，使其价值得到更充分的体现。

一、"阳光体育"在质疑中艰难前行

阳光体育从 2007 年被中央 7 号文件确认和实施，到 2010 年《国家中长期教育改革和发展规划纲要》中再次被强调，近达 3 年。期间，政府部门出台了诸如"学生冬季长跑""每天锻炼一小时""中考体育考试加分"等多项目的是促进学校体育运动开展、增强青少年体质健康的举措，但青少年体质健康水平并没有明显好转，距离党中央、国务院提出的"5 年内实现我国青少年普遍达到国家体质健康的基本要求，耐力、力量、速度等体能素质明显提高，营养不良、肥胖和近视的发生率明显下降"的目标更有明显差距。2010 年全国学生体质与健康调研结果显示，我国青少年的体质不断下降，我国学生的视力不良检出率继续上升，眼睛近视的比例，初中生接近 60%，高中生为 76%，大学生高达 83%，并出现低龄化倾向；肥胖检出率继续增加，大学生身体素质继续呈现缓慢下降等。可以说，近视、肥胖和体质下降已经成为扼杀我国青少年身体健康的三大"杀手"。面对调查结果，中国青少年研究中心研究员孙云晓不无忧虑地说："成绩高分、身心'软骨'的孩子，难以担当民族脊梁的重任。"

从学校的层面看，长期以来，学校都存在这样一种观念：对于学校体育往往是说起来重要，做起来次要，忙起来不要。学校体育在应试教育的指挥下变得可有可无，体育课成为一种形式和走过场，学生们利用上课的时间来到操场集合、整队、解散，又迅速回到教室里，埋头于书本中。体育课成为一种摆设，特别是在经济不发达的西部地区，升学率是学校成为市重、省重和国重的重要指标，根据走访调查，一些西部地区的省重点中学甚至是国家级重点中学的体育课都只是走形式，更不要说大课间体育活动等阳光体育活动的开展。另外，在片面强调增强学生体质的观念指导下，体育课成为竞技训练课，学生从小学、中学到大学重复着相同的教学内容，进行着相同项目的考核，考核标准却一降再降，这在很大程度上压抑或限制了学生的体育参与兴趣。

从社会层面来看，实际上，多数中国家长对于教育的重视程度不可谓不高，为了孩子，花多少钱都在所不惜。然而，这些钱都花在了幼升小、小升初、兴趣班等方面，其最终目的是进好学校、考好成绩、进好大学，仍然陷入应试教育的逻辑循环。人们对于体育的认识还在很大程度上受传统观念的影响，只要学习成绩好，其他一切都不重要。从幼儿园到博士后，学生的书包一开始就以严重的超标分量出现着，压迫着学生的发展，迫使学生使生活本身成为手段，为了获得知识，学生忘却了自己，忘却了生活，甚至牺牲了自己和自己的生活。教育支配了学生的全部生活目的，父母也心甘情愿，不惜卖房租地，任凭自己的儿女为受教育而生，为受教育而死，任教育的肢解和分裂。据调查，60%的学生认为家长仅从"升学"的角度看待自己的前途问题，对学校开展阳光体育运动的意义持怀疑或否定态度。

二、阳光体育践行的关键：学生主体自觉

阳光体育作为学校体育甚至学校教育工作在特殊时期开展的一种强势手段，其抓手作用不尽明显，成效也不尽如人意。现在的关键是，我们不是缺乏发现这些问题的途径和信息，也不是缺乏提高学生体能素质的政策和措施，而是缺乏体育观念，缺乏体育参与意识。根据辩证唯物主义的基本原理，任何事物发生的实质性变化，其动因的主要方面并不是取决于外因，而是取决于内因。在一项关于阳光体育运动开展情况的调查显示：在制约个人参加阳光体育运动的诸多因素中，"自身惰性"居首位。学生缺乏对体育的兴趣有其多方面的原因，首先表现为对体育的认识不足，外在要求同本身的身体活动需要相矛盾；其次学生对体育课的价值认识不足，将体育课视作可有可无，认为身体的重要性远远比不上成绩的重要性，由此产生了消极的情绪体验；再加上体育课的内容、形式不够多样化，不能够吸引学生，这也是造成学生不喜欢参加体育锻炼的原因。在目前的价值取向下，学生过重的课业负担不可能减轻，学生可能不喜欢同时也不敢尽情参加体育活动，导致学生体育践行缺乏的关键还在于学生自身的主体性上没有得到充分的调动和发挥。学生的主体性是指学生在处理与外部客观世界的关系时所处的态势，以及表现出来的功能特性和具有的人格特质。阳光体育开展的现状不容乐观，关键在于广大青少年在理念上和价值取向上没有树立积极的体育健身意识，体育文化的积极作用没有得到很好发挥。深入挖掘体育文化的精神内核，转变学生的健康意识，调动学生主动参与体育锻炼的主观能动性，促进阳光体育运动的可持续开展，是体育领域实现和谐发展的前提和保证。认识同一个事物，站在不同的角度、不同的层面，往往会得到不同的结论，人都是从自身需要的角度来判断某一行为是否代表了自身利益，并从自身的价值实现与满足来判断。人们需要体育是因为认识到了体育在健身、娱乐、实现自身价值、丰富文化生活等方面的作用，形成了以自己的视角来支配自身的体育行为。由此可以得出，人对阳光体育的价值取向所形成的体育认识在体育参与中居于十分重要的主导地位，但它是否得到认同并融入人们的思想，成为持久的体育行为，是阳光体育可持续发展的重要标志。主体期望、主体认知和实际表现三者之间相互影响，相互依存。如果学生主体对阳光体育的价值认识不足，不能将对阳光体育的认知与主体期望融汇，那么就代表着阳光体育的价值取向在学生心中的缺失。

如果学生对阳光体育活动的价值有充分的认识，并将这种认识融入思想和指导自己的行为，那么就说明学生的主体自觉、主体期望与阳光体育活动和谐交融，学生已

经从思想到行为层面认可了阳光体育。

三、深入挖掘体育文化，转变学生体育意识

体育文化作为人类文化的重要组成部分，是人类在追求社会发展、社会和谐和人的全面发展的历史进程中创造的一种独特的社会文化。体育文化因其特殊性，具有特殊的亲和力、感召力、渗透力、影响力，对建立健康文明的生活方式具有积极作用。在构建和谐社会的历史进程中，体育文化所处的地位呈显著提升态势，体育文化的社会地位也被提到了前所未有的高度。体育文化发展的根本宗旨与社会主义和谐社会的发展理念相呼应、相协调，它在人类追求和谐社会的进程中，以其独特的价值和功能，发挥着不可替代的作用，是构建和谐社会不可或缺的重要组成成分。

（一）以科学的体育理论武装学生

长期以来，我国体育教育一直在"生物体育观"的"工具理性"下发展，巨大的运动负荷背后隐藏的是对身体的摧残和人性的扭曲，是对生命价值的忽视，人们只是肤浅地看到体育这种文化现象的存在与发展，却忽视了体育的深层哲学内涵。人们对体育的认识中缺少文化，阳光体育实践中缺少理论。体育作为以身体活动为基本手段促进身心发展的社会文化活动，在其发展的过程中形成了相对完善的体育科学体系和具有不同研究特色的学科群。体育教育、教学的过程中，在对学生进行技术、技能传授的同时，更要注重对学生进行体育知识的传授，让学生掌握科学的体育理论知识，深入了解体育的健身价值、教育价值、娱乐价值、社会价值等多元价值；让学生全面掌握体育在促进人的身体健康发展方面所遵循的身心发展规律；让学生掌握体育在调节人的精神紧张、缓解压力中所能发挥的有益功能；让学生掌握体育在促进人的社会化过程中所发挥的独特作用。体育文化中所映射的超越、竞争、创新、求实、奋进、协作等积极因子，阳光体育中独特的情感激发、思想启迪、心灵撞击、智育培育等智慧之果为人们钟情于体育提供了广泛的理论基础，因此要以科学的体育理论武装学生的头脑，挖掘体育的教育和文化价值，使阳光体育的功能价值最大化。

（二）通过正确的体育舆论引导学生

教育主管部门和体育主管部门应加大对阳光体育的宣传，利用网络、广播、宣传栏、电视、知识竞赛等方式营造重视青少年参与阳光体育运动的舆论环境，形成鼓励学生积极参与体育锻炼的社会氛围。利用舆论手段消除人们"读书第一、重文轻体"的错误思想，举办有关体育科学知识、健身方法的报告会，让学生在课余时间接受体育教育的熏陶，让他们真正体会到体育的价值与功能，促使他们从现实需要出发，自觉地参与体育活动，使他们的体育行为长期化、习惯化。同时，宣传要走出校园，加强教育、体育行政部门和其他公共服务部门的合作，促使更多的公共体育机构和设施向学生和

学校优惠开放，通过全社会的共同努力为学生的健康创造条件，唤起全社会对学生体质健康的广泛关注，吸引家庭和社会力量共同支持阳光体育运动的开展。

（三）以高尚的体育精神塑造学生

社会学家曾证言，任何一种社会活动或现象，当它仅仅体现为技术层面时，它是低层次的、不成熟的。当它进入人的精神层面、人的意识层面，并影响到人的人格、心理、意识及行为时，那么它就进入了成熟的、科学的阶段。通过体育塑造人的精神气质，通过全面占有自身本质实现自由的境界，与马克思讲的"人的自身本质力量对象化"是相通的。人们之所以对竞技体育感兴趣，一个重要的原因是竞技体育的超越代表了人类生生不息的奋斗，优秀运动员给予了许多普通人梦想，我们的社会也因为对这种精神的肯定而给予体育充分展示的舞台。青少年正处在学习、长身体的时候，其个性的发展、心理意志品质的培养及健全人格的形成都具有很大的可塑性。体育教学中，体育本身所蕴含的体育精神对促进学生身心健康和个性心理、意志品质及人格的形成有着极其重要的作用。因此，体育教学应充分利用自身的特点，将人格塑造渗透到每个教学环节中去，通过诱导、渗透、培养，让学生掌握基本理论知识，在进行具体的体育练习中，让学生受到高尚情操的陶冶、人格的培养。阳光体育活动是体育课的延伸，它相对于体育课显得活动的空间更大，学生对活动的选择更自由，更能表现出不同运动所体现的不同精神品质。学生在活动中可根据自己的兴趣爱好，选择自己的运动项目，不受场地限制，可以是单个进行，也可以是一个小群体一起进行，运动形式多样，个体自由活动，个体之间进行对抗比赛，小组、群体之间进行竞赛、游戏，活动内容由学生自己确定，可以是自编的，也可以是老师传授的，活动因没有任何外加的教学任务，所以更能让学生积极主动的参与，学生也能保持高涨的热情，做自己喜欢的运动，玩自己喜欢的游戏，有更多机会与别人竞争、比赛，促进他们个性发展的同时，也培养了他们的创新精神。

（四）以优秀运动员的事迹鼓舞学生

所谓动机是指激起人去行动或抑制这个行动的愿望和意图，这是一种促进人的行为的内在原因。学生的行动也不外乎于此。因此，结合实际，讲一些我国优秀运动员取得成功的经历，通过讲故事、介绍体坛明星等多种形式进行宣传，特别留意收集和他们同龄的小运动员刻苦锻炼的动人事迹，及时讲给他们听，用小运动员的坚强精神鼓舞学生，使学生感受到意志对一个人成功的重要性，激发学生的正确动机，对培养学生的意志起到重要作用。同时经常表扬他们身边的为校争光的小队员，使他们有看得见、够得着的榜样，激励他们刻苦锻炼。坚持榜样教育，使学生做到自我暗示、自我要求，从内心深处发出积极参与锻炼、磨炼意志的动机。

文化最大的特质就是具有极强的渗透性、持久性，像空气一样无时不在、无处不在，能够以无形的意识、无形的观念深刻影响着有形的存在、有形的现实。体育文化因其特殊性，具有特殊的亲和力、感召力、渗透力、影响力，对建立健康文明的生活方式具有积极作用。阳光体育活动的可持续开展需要在体育文化的引领下积极作为，转变学生的主体认识，将学生的主体自觉与主体期望充分融合，变"要我运动"为"我要运动"，改变学生的体育价值取向，最大限度发挥阳光体育在体质健康促进中的作用。

第五节　我国优秀体育后备人才多元文化教育体系可持续发展

一、构建我国优秀体育后备人才多元文化教育体系的现实问题

（一）体育系统和教育系统缺乏深层次的融合

20 世纪 80 年代中期，体育部门实行了与教育部门联办体育的改革措施，形成了较为系统的体育人才培养新体系。教育部门认为"教体结合"是丰富校园文化、提高学校知名度的良方。但是两部门没有把培养高水平竞技体育人才看成两部门的共同事务，没有进行实质性的磋商、交往与合作，没有在管理体制上实行整体布局，没有在运行机制上实行有机协作，没有在政策、制度上给予有效的支持与保障。

（二）竞赛体系中的问题

目前在竞赛体系上主要存在两个层面的问题：一是青少年竞赛体制上的问题；二是大学生运动员的参赛问题。教育部门主办的各类青少年比赛侧重于选拔更为优秀的体育后备人才；多年来所实行的"体教结合"的体育系统并没有把高校体育竞赛列入它的管辖范围内，只能在教育系统中开展高校学生体育竞赛，而且一直都是业余水平选手间的竞争，无法进入国家竞赛体系中，制约了大学生运动员竞技运动水平的进一步提高。

（三）"学与训"矛盾突出

长期以来，我国在培养竞技后备人才方面存在着"轻文化学习，重训练"的问题，运动员的身份非常特殊，不但要完成规定的学习任务，而且要达到训练目标，完成比赛任务，但是由于他们的精力和时间比较有限，难以处理好训练和学习之间的"学训矛盾"。

（四）教育思想落后，办学方向亟待明确

构建学习型社会的关键路径是教育社会化，经济全球化以及知识经济的发展态势为建设学习型社会以及教育社会化提供了良好的动力机制。然而，我国目前竞技后备人才的文化教育过于形式化，缺少职业技能教育的内容。针对竞技后备人才所开展的文化教育，特别是相关的基础课和专业课之间相互脱离，没有形成系统的体系，尚未较好地吻合市场经济的发展需求。以职业技能为核心打造教学课程，这也是眼下对体育竞技后备人才开展文化教育过程中需要解决的难题。教师要能够意识到，教学目的不是培养专业性的运动机器，而是培养全面发展的精英体育人才。

二、构建我国优秀体育后备人才多元文化教育体系的改革建议

（一）构建"联体结合"的文化教育体系

固有的训练体制在改革开放后的弊端日益展现出来，不能很好地符合市场经济的发展规律，于是正式提出了"体教结合"理念，但依然存在竞技体育后备人才培养的成本比较昂贵、运动员缺乏相应的文化教育、退役运动员不能顺利地实现就业等问题，而这些问题都是难以克服的。职业教育作为教育体系的一部分，并结合体育后备人才相应的性格、能力、智力等特点，催生了"职教结合"培养模式。

第一，现代化与社会化相结合的原则。体育后备人才接受职业教育，享受现代化的教育观念，逐渐掌握和运用社会知识、技能和规范，为社会尽职尽责做贡献。

第二，科学性与可行性相结合的原则。构建"联体结合"培养模式，要以科学的态度，对事物本质进行实事求是的分析和把握，根据竞技体育以及职业教育的发展规律，调整眼下的实际情况。

第三，职业定向性与适度性相结合的原则。由于职业教育的特殊性，体育后备人才在遵循其自身特点与竞技训练规律的基础上，获得相关职业需要的职业知识、技能和能力。

"联体结合"这一教育模式是当前解决体育后备人才"出路难"问题的有效途径，它能够进一步整合职业教育以及体育教育等领域的资源，更好地落实人才培养战略。

（二）探索解决学训矛盾的有效途径，推进教育教学改革

要重新定制体育竞技后备人才文化教育的水平和标准，推动构建能够适应运动训练竞赛需要的文化教育管理模式，以更好地培育体育竞技后备人才。

（三）切实落实体育竞技后备人才文化教育政策法规

从国内来看，在从计划经济体制转变为市场经济体制的过程中，国家制定和实施了一系列的方针政策，以更好地保障广大运动员接受文化教育的权利和义务。然而从实践过程来看，监督机制不能有效地运作，因此要求相关体育系统主管部门采取多种合理措施，加大监督力度，切实将这方面的工作引到法制化道路上来，更好地建设和完善体育法规体系，形成强化运动员文化教育的良性运行机制。

（四）形成利益与责任相连、运动成绩与文化学习挂钩的制约机制和激励机制

虽然社会各界高度关注体育竞技后备人才的文化教育状况，国家相关部门和单位也颁布实施诸多的法规以及政策，但却没有获得较为理想的结果。从根本原因来看，这是由于当前体制中相关运动员的文化素质较低，而且还有一些运动员只关注运动成绩，没有高度重视文化学习。为了解决这一问题，有必要将运动员文化教育纳入运动队或学校的评价体系中，具体地规定和落实体育竞技后备人才群体的文化学习设施，而且要切实构建旨在促进体育竞技后备人才文化学习质量的激励机制，这种激励机制会直接关系到相关管理人员、教练员以及各个级别的领导者的切实利益。

（五）加大投入力度，改善办学条件，提高文化教师水平和待遇

行政管理部门应改善相关教师的待遇和工作条件，真正将教师队伍稳定下来，调动他们的积极性和创造性；加强培养文化课教师，切实增强这些教师的思想道德修养，提高其社会地位以及业务技能水平，有序地开展思想政治工作，更好地改进和强化师德建设。

现阶段我国优秀运动员文化教育应以确立改革方向、明确阶段目标为前提，以建立和完善优秀运动员文化教育制约机制和激励机制为保障，以加大资金投入力度、改善办学条件为基础，积极面向社会，构建和形成具有中国特色的优秀运动员多元文化教育体系，最终实现优秀运动员文化教育回归大教育系统的目标。

第六节　可持续发展视域下体育文化的现状和未来

广义的体育文化是指人类在历史发展进程中，在体育方面创造的一切物质文明与精神文明的总和，它是人类谋求身心健康发展，通过竞技性、教育性、娱乐性等手段，通过身体姿态、动作技能、运动器材、体育场地等，配合个人和社会属性有关的意志、观念、技能、规则、时代精神等，共同反映的各具特色的存在方式。

体育文化的分类：①从时间维度来分，可分为传统体育文化与现代体育文化，传统体育文化往往带有鲜明的地域色彩和民族性；②从空间维度来分，可分为城市体育文化和农村体育文化，以及国内体育文化和国外体育文化；③从人的维度来分，可分为个人体育文化、学校体育文化、企业体育文化、俱乐部体育文化等；④从专业维度来分，可分为专业体育文化和大众（群众）体育文化。

一、我国体育文化发展现状管窥

我国体育的嬗变过程实质是保守落后的体育文化逐渐让位于先进的、代表西方理性精神的科学体育文化的过程。新中国成立后，我国体育事业从百废待兴的局面起步，取得的骄人成果世所罕见，而在肯定成绩的同时，不应忽视体育文化建设和发展面临的重要问题。

学术科研界对国内体育文化的研究具有母题集中、局部扩张、细分主题多样化的演变趋势，"竞技体育""群众体育""学校体育""民族体育"等分支的纵向研究分化加快，宏观和微观层面的研究内容不断推进。①民族和民间体育一直是研究的热点，如武术。②农村及少数民族特色体育文化也日渐兴盛。③受到体育大国和全民健身等政策理念的影响，群众体育文化相关研究也备受关注。④21世纪以来，北京奥运会的带动效应使得竞技体育文化的相关研究剧增。⑤2000年以来，伴随着素质教育、终身教育等理念的提出和阳光教育的开展，学校体育文化侧重研究学生的体育精神文化、物质文化和行为文化的培养和塑造。⑥体育文化全球化，以中华体育文化走出去、与相关文化融合借鉴，以及中西比较研究等议题为主。国外研究更趋于微观、应用性较强，以社会热点问题与体育文化实践相结合的具有归纳性和实证性的研究较多，也注重从经济、政治等角度分析体育文化对二者的作用和价值。

在体育文化服务和公共管理领域，受限于地域、人文、政治、经济等发展不平衡，政府有关主管部门对体育文化的概念认知以及体育文化对体育事业的重要性的理解存在明显的差异，东部省份体育文化发展态势明显好于大部分中西部欠发达省份。目前发展我国体育文化事业的基础条件依然较为薄弱，"有机构，无人员，缺议事，少经费"的状态还将持续存在，建设潜力巨大。

二、体育社会问题的现状与根源分析

在昔日辉煌的背后，西方体育早已暗伏危机。当代以科学主义为基础的西方体育遇到了诸如运动场失序（球员违规冲突、球迷骚乱、裁判黑哨等）、运动员犯罪（资格作弊、兴奋剂事件等）、种族歧视、妇女偏见、过度商业化、弱体质人群歧视、退役运动员再就业等问题的严重威胁。

在此背景下，体育训练等同于单纯的技能训练和物化的人体科技研究，竞技项目的成绩提高也越来越依赖于硬件建设和器材的更新、引进，作为"人"的主体感受和价值观塑造却未得到应有的重视；体育在许多场域完全沦为一种消费品，功利主义和拜金主义的心理催生出攫取商业巨额利益的贪婪，致使体育赛事丑闻频出。这是科学主义极端发展的后遗症。

三、可持续发展视角下的体育文化未来发展

可持续发展理念最早是由挪威首相布伦特兰夫人于 1987 年在联合国世界环境与发展委员会的报告《我们共同的未来》中首次提出的，其定义为："既满足当代人的需要，又不对后代人满足其需要的能力构成危害的发展。"

在可持续发展理念的引导下，追求不同性别、不同民族和地域之间以及强势与弱势人群之间等的体育权利的平等、竞赛规则的公平等，还应当考虑使子孙后代享有公平发展体育文化的权利，因而有必要匡正当代的体育文化价值观。

体育文化的高级阶段很可能迈向人文体育，而其内核的发现及深入挖掘以及对它的保护和存续必然依赖于我们对传统文化的尊重和审慎扬弃。我国传统体育文化深受农耕文明发祥地黄河流域文化的影响，形成以汉民族体育文化为主体、各少数民族体育文化融合发展的态势，以健身、养生和娱乐为主要目的。"仁"的核心思想蕴含道德、习俗、医学、艺术（美学）等社会元素，崇尚亲近自然的内在气质、品格、精神修养的锤炼和提升，兼顾保健性、竞技性、趣味性、观赏性等。体育文化涉及古典哲学、美学、伦理学、中医学、宗教学、军事学、养生保健学、人体科学等多重跨界学科的理论知识和实用技术，从客观上要求我们以尊重、审慎的眼光加以保护并研究，在持续吸收、借鉴西方体育文化精华的基础上，充实、丰富我国的传统体育文化。

人所追求的不单纯是物质，最终是精神自由。这一点已被马克思、康德、马斯洛等哲学大师准确地预言。西方在体育实践的困惑中蓦然回首，发现我国传统体育是以内在真实为核心的，以艺术精神和境界追求为旨趣的，它不像科学体育价值尺度那样指向物质，求真以追求对物质的认识，求实用以追求对物质的利用。东方传统历久弥新的人本意识是中西方体育文化的优良融合点，为体育文化的现代性增添了必要且有益的价值元素与审美趣味。

未来，互联网、移动技术、新媒体、人工智能等将加速现代化进程，人类步入后工业化时代，也许在中西方体育文化的碰撞激荡中，推动人与自然和谐发展、强调审美境界和人的内在情感体验追求的中华传统体育文化才是我国体育文化走向世界的特色与希望，才是为世界体育文化可持续发展贡献精神力量的强大源泉。

第八章 可持续视域下高校校园体育文化建设实例

第一节 大数据时代校园足球可持续性发展探究

随着时代的进步和科技的不断发展，大数据应用的范围也越来越广。如何结合大数据时代的特点，发挥其在校园足球活动中应有的价值和作用，促进校园足球活动的发展，成为一个值得深入探究的课题。本节采用文献资料法和逻辑分析法，对当前校园足球活动开展所面临的一些问题进行了分析，结果证明：运动选材缺乏科学理论指导、运动训练难以保质保量完成、运动竞赛未能形成长效机制、校园足球文化氛围较为缺失，这些都阻碍了校园足球活动的进一步发展。为此，笔者提出了几条促进校园足球可持续发展的建议：构建校园足球大数据平台、建立大数据足球训练基地、校园足球竞赛体系常态化、校园足球文化建设多样化。

足球运动作为世界第一大球类运动，自诞生以来在全世界就备受关注。我国作为世界上最大的发展中国家，也一直致力于足球运动的发展。经过不断的学习与探索，20 世纪 90 年代初我国走上了足球职业化发展道路。然而，多年的学习与努力并没有换来足球的长足进步，我国足球的成绩仍然难以令人满意。为此，探求一条我国足球发展的可持续道路就显得尤为重要。政府专门制定了校园足球发展战略，将希望寄托于青少年，出台了一系列的方针政策来推进校园足球的普及，青少年足球也迎来了前所未有的发展机遇。当然，机遇与挑战并存，校园足球在发展的过程中也不可避免地出现了一些问题。因此，如何结合大数据时代的特点发挥好大数据这个高科技时代的产物的作用就显得至关重要。

一、校园足球发展面临的一些问题

（一）运动选材缺乏科学理论指导

运动选材是竞技体育的开始，好的开始是成功的基础，所以从某种意义上来说，足球运动员选材的科学化水平直接影响着一个国家足球运动的发展水平。而我国的青少年选材研究长期以来较为滞后，特别是一些基层的教练，依然秉持着传统的选材理念，依靠主观性经验进行选材，致使许多优秀的体育人才被埋没。校园足球运动员的选材也不可避免地面临这些问题，因而在运动选材方面，科学的理论指导就显得尤为重要。虽然在20世纪80年代初形成了一门独立学科——运动选材学，但其理论未形成较为完整的体系，仍然有待进一步的完善。

（二）运动训练难以保质保量完成

运动训练是提高运动成绩的一个必不可少的环节，没有质量的训练难以达到预期效果。在校园足球运动员训练的过程中，常常可以发现各种各样的问题，有的来自任课教师，有的来自学生家长，还有的来自学生自身，如何平衡各方面的关系，处理好学生学习与训练的矛盾，这也是一个需要深入研究的课题。培养一名优秀的运动员更是一个长期的过程，需要持之以恒的坚持，因而运动训练是运动员成材的保障。

（三）运动竞赛未能形成长效机制

足球联赛是校园足球活动的重要组成部分，是评估校园足球开展效果的主要途径，足球联赛的开展质量也直接反映出校园足球的开展情况。因此，应按照全国校园足球竞赛方案，着力构建以校内竞赛、校际竞赛和区域性竞赛为主的校园足球竞赛体系，完善校园足球四级联赛机制。近年来，各类校园足球竞赛活动有所增加，但仍然没有形成长效机制和规模效应。因而，进行校园足球改革，将校园足球竞赛常态化、规模化势在必行，从而建立具有地域特色的校园足球竞赛体系。

（四）校园足球文化氛围较为缺失

纵观欧洲、南美那些传统的足球强队，不难发现他们都有着较为浓厚的足球氛围，足球仿佛成为他们生活中不可或缺的一部分。而我国的足球文化则相对缺失，特别是在校园，大部分人更看重的是你的文化成绩，在这种价值观和认可度的引导下，许多有运动天赋的青少年最终没有走上足球的发展道路，校园足球文化建设也成为一个亟待解决的问题。

二、校园足球发展可供解决的途径

（一）构建校园足球大数据平台

把互联网和大数据的先进理念引入校园足球的实践中，通过大数据与学生体质健康测试、体育高考、校园足球四级联赛相结合，以客观数据为依托，对校园足球运动员进行科技化选材。这样既可以防止过去选材指标数据的静态化和片面性等缺陷，又能为校园足球教学、训练和比赛提供一定的参考和借鉴。同时，要在全国范围内建立运动员选材广域网，把全国当成一盘棋来下，实现资源共享。

（二）建立大数据足球训练基地

结合地域特色和气候条件建立大数据足球训练基地，基地不仅可以进行运动员的日常训练，而且还可以承办各类足球赛事。依托引进的可穿戴设备和先进的智能场馆，可以对在此进行训练和比赛的球员数据进行采集，最终形成球员的大数据。例如，对球员的跑位、速度、心率等方面的数据进行持续收集后，以动态的方式全面量化分析，从而计算出更科学合理的训练方法，并为比赛中的关键决策提供重要依托。另外，还可以将在足球训练基地采集到的大数据同国外足球强国同龄数据进行对比，找出形成差距的原因，并采用科学化的训练手段进行弥补。

（三）校园足球竞赛体系常态化

观察国外一些校园足球发展较好的国家不难发现，这些国家都很重视足球后备人才的培养，也建立了相对完善的校园足球竞赛体系。而我国虽然已经初步建立起了校园足球四级联赛机制，但依然还有诸多问题亟待解决。例如，竞赛多采用赛会制的形式，竞赛周期短，比赛强度大，运动员得不到充分的休息，容易产生安全隐患。此外，地区之间的差异和不平衡也不利于校园足球的推广。因而，需要进一步完善校园足球竞赛体系，使之更加常态化、科学化。

（四）校园足球文化建设多样化

校园足球文化是校园文化的重要组成部分，是足球文化与校园体育文化的共同产物，是学生在掌握足球基本技能、参加足球各类活动的过程中接受德、智、体、美、劳的综合教育，由物质文化、制度文化、精神文化构成。在建设校园足球文化的过程中，应采用多种多样的方法，可以通过举办足球沙龙、足球知识竞赛、足球趣味游戏、足球知识讲座等方式，为学生提供交流足球技艺、展示足球技能的平台，让更多的学生参与到足球运动中来，体会足球的乐趣和魅力。

大数据时代的到来给我国足球运动的发展提供了契机，特别是为校园足球的选材与育才提供了一种新的思路，将大数据与校园足球进行深度融合，发挥好"大数据"在校园足球选材、教学、训练和比赛中的作用，利用好这笔无形的数据资产，我国校园足球的发展将未来可期。

第二节　湖北省高校民族传统体育可持续发展

全球一体化的今天，西方现代体育文化对我国传统体育文化的冲击已经是不争的事实。在我们无法抵制西方现代体育文化的侵入又不能完全摒弃传统体育文化的现实面前，实现传统体育现代化发展的转型已经迫在眉睫。湖北省地处我国中部地区，是一个教育大省，省内高校云集，同时又是一个多民族省份，主要以汉族、土家族、苗族、回族和侗族等为主。各民族都有其特色和能够反映本民族文化精髓的民族传统体育项目，不同民族文化在此进行激烈的碰撞、融合和演化，具有典型的代表性。在中国共产党第十九次全国代表大会上，习近平总书记代表十八届中央委员会向大会做报告，报告提出我国过去五年的历史变革，其中思想文化建设取得重大进展，文化事业和文化产业蓬勃发展，全民健身和竞技体育全面发展，文化自信得到彰显；并且提出：坚定文化自信，推动社会主义文化繁荣兴盛，加强文物保护利用和文化遗产保护传承。十八届五中全会审议通过《中共中央关于制定国民经济和社会发展第十三个五年规划的建议》，多次强调文化的重要性，并指出要坚定文化自信，增强文化自觉，加快文化改革发展。高校民族传统体育的发展无疑是我国当前全面加强文化建设、激发全民族文化创造活力、坚定文化自信、加强文化保护与传承的重要抓手。因此，运用社会学、管理学和经济学的方法和理论从科学持续发展的角度对湖北省高校民族传统体育事业的发展进行探讨，具有一定的理论创新价值和现实意义。

一、湖北省高校民族传统体育的发展现状

（一）民族传统体育的竞技成果

湖北省代表团历经了从 1999 年在第六届全国民族传统体育运动会上实现金牌零的突破并获得 3 枚金牌，到 2015 年第十届全国民族传统体育运动会上获得 11 枚金牌、17 枚银牌、18 枚铜牌，金牌总数在全国 34 个代表团中名列第 3 名。湖北省代表团近几届全国民族传统体育运动会的奖牌总数与金牌数量都在逐步增长，取得这些成绩其实与湖北省民族传统体育竞技近年来依托高校的发展战略密不可分。目前，湖北省民族宗教事务委员会、湖北省体育局已先后多个批次与省内武汉体育学院、中南民族大学、湖北民族学院、武汉商学院等高校共同确定确立了 10 多个民族传统体育项目省级训练基地，如武汉体育学院的民族式摔跤训练基地，中南民族大学的民族健身操、毽球和射弩训练基地，湖北民族学院的三人板鞋、陀螺和蹴球训练基地，武汉商学院的马术、独竹漂和小龙舟训练基地等。据悉在历届全国民族传统体育运动上为湖北省代表团夺

得奖牌的运动员有相当一部分来自于上述高校的民族传统体育省级训练基地,如湖北省代表团在 2015 年第十届全国民族传统体育运动会上获得的 11 枚金牌,高校民族传统体育省级训练基地就占到了 6 枚。除了在全国赛事中斩金夺银,湖北省内还每四年举办一届省级民族传统体育运动会,民族地区各县市每年也会举办一些中、小规模的民族传统体育运动会或单项赛事,举办这些系列赛事和加强高校训练基地的建设能够促进各高校高水平训练队之间的相互交流、取长补短,还能够激发运动员比赛状态和竞技水平,并积累大赛经验。这在为参加全国民族传统体育运动会甄选优秀运动员和培养大量后备人才的同时,对湖北省高校民族传统体育运动的普及与推广,对民族传统体育文化的传承与弘扬都起到了极大的推进作用。

(二)民族传统体育引入高校校园的课程开发与群体推广

民族传统体育引入高校校园是通向竞技体育与大众全民健身的重要媒介,当今全球广泛传播和开展的现代体育项目,如足球、篮球等都是西方国家曾经带有浓郁民族和地域特色的传统体育运动,当初在发展壮大的过程中无不是选择了学校这一块肥沃的土壤,因为教育是一种重要的文化传承方式。目前,湖北省内许多高校都将武术套路、太极拳、散打、毽球、陀螺、高脚竞速和民族健身操等具有民族特色的体育项目纳入校本课程,甚至武汉体育学院和武汉大学还设置了民族传统体育文化理论课程;群体推广方面,中国地质大学和湖北大学于 2010 年左右先后成立了舞龙舞狮协会,两所民族类院校中南民族大学和湖北民族学院还组建了民族健身操、毽球、射弩、蹴球、陀螺和板鞋竞速等项目的高水平运动队,在岁时节庆、校运动会与系列赛事中增加了肉连响、摆手舞、翻树叶和押加等内容,其主要目的是在高校校园内传承与弘扬民族传统体育文化,普及与推广民族传统体育项目,提高大学生群体参与人数,并做好竞技人才培养和储备工作。此外,近年来高校民族传统体育领域的科研成果和立项如雨后春笋般涌现,也为该学科的发展提供了坚实的支撑。而且,每年大量民族类高校和体育专业类院校毕业生踏入社会,延续了民族传统体育在全民健身中的生命力。

二、湖北省高校民族传统体育面临的困境

(一)竞技体育的功利化和精英化愈发突出

每四年一届的全国民族传统体育运动会和湖北省民族传统体育运动会,湖北省委、省政府和各级地方政府都特别重视。大量的经费投入和周密的后勤保障都为赛事提供了有力的支持,但这种投入与重视都带有一定的功利性和周期性。许多高校民族传统体育训练基地的基层工作者都表明部分项目的教练员、运动员都是从专职教师与学生运动员中临时抽调,竞赛活动结束后,民族传统体育的运动训练工作便跌入低谷。高校民族传统体育训练基地平时的训练经费保障、教练员待遇和部分突出优秀运动员今

后的去向问题还亟待解决。这主要是由于：首先，湖北省各高校民族传统体育训练基地的经费由湖北省民族宗教事务委员会统一拨付，来源有限，渠道单一；其次，教练员的付出与酬劳比例失调，影响教练员的工作热情；最后，大学生运动员往往受学制所限，要面临今后的就业发展，不能全身心地投入运动训练。当前，高校竞技化发展在国内学术界被认为是推广和普及民族传统体育的重要手段之一，但竞技化的发展模式也存在着自身较难克服的弊端。特别是针对全国民族传统体育运动会竞赛类项目的人才培养和梯队建设，选材范围极窄，易导致其脱离大众而成为少数"精英"的特权。在我们利用西方现代体育的理论方法、组织制度和价值观念对民族传统体育进行改造时，也极易在民族传统体育上催生出西方现代竞技体育的精英化现象。

（二）学校教育课堂教学与大众群体健身面临文化缺失

民族传统体育除了竞技化发展模式，学校教育课堂教学与大众群体健身也是民族传统体育在高校内传承和发展的另外两个重要平台。当前湖北省内许多高校的课堂教学以及全民群体健身活动中都引入了民族传统体育的项目和内容，如大学公共体育课中的武术套路、群体健身活动中的太极拳等。但广大教师、学生和群众在参与时，往往认为它仅仅只是一种体育项目或运动，并没有深刻认识到中华武术所蕴含的传统文化和价值内涵，民族传统体育首先是一种文化现象，其次才是体育项目或运动本身。体育文化应有本、末之分。所谓本，即隐藏在体育文化深层的价值观，它在体育文化运行中居于核心地位，起价值引导作用；所谓末，就是价值观的外在延伸，即那些被称为"技"或"术"的行为、技术、规则等文化表层内容。近年来，在民族传统体育加速进入学校教育与全民健身领域高校的课堂教学与群体健身活动的过程中，这些错误认识也导致参与者只是在进行"技"或者"术"层面上的被动式行为练习，在西方现代体育文化的强烈冲击下，更难以使广大师生产生对民族传统体育文化和价值的认同，而这种文化缺失恰好对民族传统体育依托高校的发展是最为不利的。

（三）西方现代体育的冲击导致部分项目参与人数少、普及率低、关注程度低

民族传统体育大都是具备浓郁乡土气息的草根文化，来源于民俗民间的生产生活、传统习俗和宗教祭祀活动，与强调竞争和突出个性的现代西方体育文化相比缺乏一定的"认同度"。在高校校园内，追求时尚、娱乐和休闲已成为当今大学生趋之若鹜的首选，就选取何种健身运动来说，大学生更喜欢选择那些时髦的、有趣的、实用的、轻松的、有刺激性和更具观赏性的西方现代体育运动项目，自然而然参与和关注民族传统体育的人就越来越少。湖北省高校部分民族传统体育项目如板凳拳、板凳龙、跷旱船、打三棋等由于自身传承的局限性和受到西方现代体育的冲击，现在受关注的程度越来越低，更谈不上在高校校园内进行普及和推广了。甚至还有一些民俗民间传统

体育项目的精髓和技艺只被极少数的几位传承人所掌握，在湖北省民族传统体育类别国家级非物质遗产名录中多民族传统体育项目的武当武术传承人赵剑英与肉连响传承人吴修富都先后去世，另外土家族撒叶儿荷传承人覃自友、岳家拳传承人张业金及龙舞传承人邓斌已七八十岁高龄，一旦这些有更多的传承人逝去，很多项目都会中断活态的传承，随时存在消亡的可能性，更谈不上进入高校校园进行普及与推广了，这对湖北省民族传统体育文化事业来说是无比沉重的打击。

（四）文化模仿带来的民族性削弱

民族传统体育在高校校园内的普及与推广中面临的文化缺失，造成在面对强势西方现代体育冲击时的文化"休克"，这种"休克"现象也使得我们对自身传统文化产生了自卑心态，从而盲目地对西方现代体育进行文化模仿。诚然西方现代体育有科学和系统的理论与方法支撑，有着先进的组织、运行与管理体制，有着强调更快、更高、更强并突出竞争和对抗的体育价值体系，但如果在高校校园内传承与发展民族传统体育时全盘照搬西方现代体育的模式，会使得我们自身的文化因失去民族个性而变得支离破碎。就拿我国曾努力推动想进入奥运会的武术项目，湖北省一些体育、公安类专业院校和综合类高校体育院系设置的武术散打来说，在借助现代体育竞技体制和比赛模式发展壮大时，始终缺乏自身传统和历史基础上能够看到的未来创新，逐渐淡化了武术作为强身健体的方式所反映的中华民族传统哲理思想的文化特征，过于强调同场格斗的技击性以及与其他种类搏击术的优劣势。再如，湖北省部分民族类高校学者和专家对"抢花炮"项目现代化改良的诟病，"抢花炮"项目本身极具娱乐性、趣味性和隐蔽性，但近年来该项目的发展现状也不容乐观，为了防止在比赛中作弊，对竞赛规则和花炮的尺寸都做出了修改，使得该项目越来越类似于西方的橄榄球运动，而对于参赛的运动员的体能要求越来越高，原本的技能主导变成了体能主导，也让该项目的娱乐性和趣味性大打折扣。这种改造只是让民族传统体育披上了一层现代化的躯壳，盲目的文化模仿正在逐渐地消解民族传统体育文化的内涵，使得原本具有的鲜明民族性特征被慢慢削弱。

三、湖北省高校民族传统体育持续发展的思考

（一）高校发展民族传统体育竞技应给予政策支持

高校竞技体育要合理利用利益驱动力，为教练员和运动员解决后顾之忧才能让他们在课余运动训练和比赛上全身心的投入。这种驱动力既有物质的，也有精神的，但通常前者才是原动力。根据相关调查，影响高校教练员积极性的主要因素是收入偏低、上级领导的唯奖牌论、运动成绩好坏的奖惩力度不大，大学生运动员对于今后学业上的深造和就业去向都心存疑虑。此外，四年一届的全国和全省的民族传统体育运动会

都有专款下拨，导致经费的投入具有明显的周期性、临时性和突击性。从 2007 年开始湖北省政府每年拨付 100 万元的民族体育专项经费，但其中只有一部分用来保证各高校民族传统体育运动队训练基地每年的集训、比赛交流、教练员和裁判员培训等。不少高校基层管理者和教练员都建议政府将经费投入持续化、常态化和规范化，形成稳定的财政投入管理机制；在经费投入有限的情况下考虑将高校民族传统体育项目放开使其市场化，吸引更多社会资金参与。因此，针对高校民族传统体育训练基地的教练员待遇、运动员学业深造和就业去向以及经费能否持续投入等问题，需要政府主管部门牵头，由民族宗教事务部门、教育部门、财政部门和高校等多方集合，共同制定、颁布和实施一套科学合理的政策来支持高校民族传统体育事业的发展。

（二）高校民族传统体育文化传承要凸显核心价值

如果说高校竞技体育是民族传统体育发展的精英化，那么高校的课堂教学和群体活动就是民族传统体育走向大众化路线的重要载体，广大师生才是优秀文化的拥有、吸纳和传承者。中共十八大后，国家提出扎实推进社会主义文化强国建设，就是要增强华夏儿女对本民族优秀文化的认同和中华民族优秀文化在世界范围内的影响力。当前年轻一代大学生许多都是在西方和现代文化思潮的影响下成长的，缺乏对本民族优秀文化核心价值的认同，如果没有科学的方法对他们进行指导，灌输式地进行民族传统文化教育只会令他们感到反感和排斥。因此，应运用适当的方法和措施并借助高校教育平台，如通过大学低年级公共体育基础课的民族传统体育活动传习和物化形态等方面的外在形式来吸引他们的注意力，再让其在高年级民族传统体育文化理论选修课程中思考深层次方面的精神内涵，使他们认识到民族传统文化中所蕴含的自然和谐的理念、自强不息的精神、注重伦理道德和强调群体价值的哲学思想，形成民族传统体育文化教育外延到内涵的衔接一致。当然也不能忽略西方和现代文化中的优秀成果，既要表现民族个性，又要遵从以人为本的普世价值。

（三）推动高校文化保护与传承的法制化、制度化和团队化建设

民族传统体育要在高校得到真正的持续发展还需要进一步完善和健全法制化、制度化建设。目前除了《湖北省非物质文化遗产条例》，2016 年 11 月湖北省民族宗教事务委员会在全省民族体育工作座谈会上针对高校省级训练基地系统地出台了《湖北省少数民族传统体育项目训练基地管理办法 (暂行)》、《湖北省少数民族传统体育项目训练基地教练员管理办法 (试行)》和《湖北省少数民族传统体育项目训练基地运动员管理办法 (试行)》等相关条例，湖北省对于湖北省高校民族传统体育文化保护和传承在竞技领域以外方面颁布的法律、法规条例和细则还显得过于零散和破碎。湖北省教育政府主管部门当务之急应根据相关的国家政策和文件结合高校民族传统体育工作的具体情况，主要从民族传统体育文化抢救和非物质文化申遗、保护、传承、开发和

利用等方面制定相应的实施条例和细则，从而进一步完善和健全高校民族传统体育保护和传承的法制化、制度化建设，以此来科学、规范地引导高校民族传统体育工作。以往民族传统体育口传身授、心领神会的传授方式决定了那些已近濒临失传项目的高超技艺只掌握在几个人手里，对这些具有代表性的大师进行奖励和表彰就是要调动他们投身到民族传统体育文化保护与传承事业中的积极性，但湖北省民族传统体育类别国家级非物质遗产名录中有多位民族传统体育项目的传承人都已去世或已七八十岁的高龄。因此，对非物质文化遗产传承人进行奖励和保护的同时，要尝试淡化自上而下单一的"师徒式"的传承方式，重点在高校内打造依靠集体力量为主的保护和传承团队，依托高校的教育平台和丰厚的教育资源，利用优越的师资力量及科研能力，重点打造集体力量为主的保护和传承团队。

（四）现代化转型需立足自身，探寻多元化发展渠道

从 1927 年我国传统体育开始借助奥林匹克文化模式进行自我改造至今，有关民族传统体育现代变迁与转型的路径和模式选择一直没有停止过争论，但唯一能够确定的是西方现代体育主导的发展模式不是我国民族传统体育的唯一选择。这主要是由于：首先，文化的发展依赖于特定的社会背景和环境，西方现代体育经历了由农业文明向后工业文明逐步递进的社会发展过程。而对于像我国这样的发展中的国家，社会转型过程中出现了农业文明、工业文明、后工业文明共存的社会形态，因此传统体育的发展不可能简单复制西方现代化体育的发展模式。其次，西方现代体育主导的文化秩序下，民族传统体育全盘照搬西化，只会使其同质形成世界体育文化的单极化。最后，以往的全盘西化的改造方式告诉我们，一味地运用西方现代体育的体制进行生搬硬套只是让民族传统体育披上了一层现代化的外壳，失去了文化的民族特性。因此，湖北省高校民族传统体育现代化转型在适度地对西方现代体育进行文化模仿的同时还需立足自身，在传统和历史的基础上进行创新。湖北省内特别是民族类高校应从民族传统体育所蕴含的民族精神、文化内涵和核心价值等方面设计民族传统体育的校园发展规划，在高校内积极开展教育传承、大众健身、休闲娱乐、岁时节庆和精品赛事等多元化渠道发展模式，在运用政策进行宏观引导的同时做好制度创新、培养扶植和服务工作。同时，需要转变思想观念，加大改革力度，重点培育高校民族传统体育产业化、品牌化，只有如此才能为湖北省高校民族传统体育的发展带来持续的活力。

湖北省高校民族传统体育在竞技领域与引入校本课程、课程开发与群体推广等方面已经取得一定的成绩，但仍然面临功利化和精英化突出、文化缺失、参与人数少、普及率与关注程度低和民族性被削弱等困境。要构建湖北省高校民族传统体育持续发展的生态环境，需要管理部门发挥导向作用并给予政策支持，运用科学的方法和措施在高校民族传统体育文化传承过程中凸显核心价值，并加强文化保护与传承的法制化、制度化和校园团队化建设，在立足自身进行现代化转型的同时，探寻多元化发展道路。

第三节　大连市高校校园体育文化可持续发展

学生的全面发展离不开良好的校园文化，它对高等院校的建设有着非常重要的现实意义。本节引用生态文明观理论，以生态校园体育环境文化、体育文化活动和体育精神文化为研究主线，对大连市 11 所高校 220 名在校大学生及 110 名教职员工进行问卷调查，并随机访谈了高校的领导、体育专家、学者、普通教职员工及在校大学生共 102 人。基于大学生的视角并源于体育教师的态度，目前大连市高等院校生态校园体育文化建设中存在的问题集中表现在隐性环境文化发展不充分、体育活动在内容和形式上均存在缺欠、文化价值取向偏失等多种现象上。针对上述问题，在生态文明观视角下提出了大连市高校校园体育文化可持续发展的优化对策。

树立生态文明观，大力倡导建设生态文明，明确树立人与自然和谐共处的价值伦理观念，是在党的十七大上首次提出的。科学文化走向生态文化不仅是人类社会发展的必然，更是文化的制高点，可持续发展的校园文化应当将和谐的人与自然、人与人乃至人与社会关系的建立放在最中心的位置，追求人与自然和谐的一切进步过程和积极成果是对生态文明观最本质内涵的高度概括，这就是基于生态文明观视角的校园文化的建设问题。

生态校园文化以学生发展为本，是学校全员创造的物质文化总和以及思想观念和价值体系的综合体，全员身处的育人环境以及文化水平决定他们对人与自然、人与人相互关系的认识水准，进而形成学校在教育、管理、娱乐等各领域的和谐状态。一所大学只有建设特色的高品质校园文化，师生才能具有使命感和责任意识，并自觉、自愿地将自身理想追求和智力资源汇聚到学校的大目标中，并潜移默化地融入学校的大发展中，最终实现大学的可持续发展。

教育归属民生，而体育归属文化。良好的校园文化是大学教育生存、发展的重要支撑，更是学校精神领域的重要载体，体育文化必然包含其中。良好的校园体育文化氛围的构建对于高等院校的建设、学生的全面发展无疑具有积极的理论意义和实践价值，构建和谐、积极、上进、高尚的生态校园体育文化，其目的是为全面发展的人才培养以及社会文明的推进提供服务。

一、对象与方法

（一）研究对象

来自大连市 11 所高校，其中部属 3 所，省属 7 所，市属 1 所。在校大学生 220 名，高校教职员工 110 名。

（二）研究方法

1. 文献资料法

本研究主要通过中国知网，利用电子检索的手段，重点围绕本研究的关键词，查阅了近十年来自教育类、体育类中文核心期刊的相关硕博士论文及相关领域学术期刊合计 62 篇，阅读相关研究成果 11 部，为本研究的顺利开展做好了理论铺垫。

2. 问卷调查法

依据研究需要，采取封闭和开放式问答相结合的两种问卷形式。学生问卷的发放在课堂或宿舍、田径场进行，所有学生问卷均是在现场定时填写回收的，发放并回收问卷 220 份，有效回收率为 100%。教师问卷的发放在各学院、部门的办公室或会议室进行，均为限时回收，教师对象基本涵盖各层次的教职员工，共发放问卷 110 份，回收 110 份，有效回收率为 100%。

3. 访谈法

访谈内容涵盖大学体育文化建设的相关内容，涉及体育环境文化、体育文化活动以及体育精神文化等多个视角。访谈结果为大连市各高校生态体育文化建设服务。在大连市 11 所高校随机访谈，对象来自高校的领导、体育专家、学者，以及与体育教学有关的教职员工及在校大学生共 102 人。

4. 数理统计法

运用社会科学统计程序，运用 SPSS10.0 分析软件对调研结果做数据处理并进行分类汇总。

二、结果与分析

（一）关于生态校园体育环境文化

基于高校大学生的视角。所谓校园环境文化，其内涵广泛，宏观上包含总体规划设计的校园结构，也包括文体活动中心等基础设施文化，还包括校园内体现的体育文化环境等。我国高等教育的发展和不断完善使校园体育环境的育人功能得到凸显，各高校在物态环境建设方面均有较大改善。调查结果显示：大学生对校园体育物态环境普遍持肯定态度。特别是对教学与训练场馆是培养人才的基础设施，在硬件建设中具有的重要地位十分肯定。调查数据表明：60% 以上的大学生对该校的体育活动设施条件比较满意，但在体育场馆的管理力度方面则有 80% 以上的大学生认为有待加强，54% 的大学生认为学校提供的体育锻炼和学习条件在面积和数量上尚有较大的提升空间。

校园信息网有助于满足大学生探索式的个性化学习需求。调查结果显示：大学生对本校体育信息平台的满意度不足 10%，大学生基本上不认可。为此，各校应该加强校园网络的体育环境文化建设，努力为大学生的全面发展和个性化需求在体育信息资源方面创造更多、更新的条件。

源于高校体育教师的态度。体育教师对学生的影响，除了知识的传授，还有人格的培养、价值观的塑造等。因此，在校园体育文化建设的过程中，不能忽视教师的作用。调查显示：各院校体育教师对教学基本设施如训练场馆及体育信息平台等的满意度比大学生稍高，并比较理智。在校园体育环境方面，被调查的教师对学校的总体设计风格、绿化面积满意度达到90%以上，远远高于大学生。这从一个侧面表明大学教师对体育环境文化的满意度更多来自内心的文化感受，而大学生的满意度则体现在外在表现上。

（二）关于生态校园体育文化活动

大学生体育社团是其重要组成。大学生社团在校园生活中是最活跃和极具色彩的部分，是大学不可缺少的文化景观，更是推动校园文化发展和大学生全面发展的重要载体；体现高校文化建设的特色，对促进校园体育文化建设、丰富校园体育文化内涵的作用非凡。各高校大学生对社会实践类活动情有独钟。调查显示，社会实践类活动被大多数学生所喜欢，这说明大多数学生希望通过参加社会实践活动，增强其社会实践能力，为融入社会打好基础。而单纯的体育知识及科技类竞赛、才艺类的表演及竞赛以及公益性及志愿者活动、心理健康讲座及培训等的关注度并不高，这说明各高校大学生对自身全面能力的提高并不重视。各高校体育教师和管理者应该对这类学生在端正学习态度和学习方向方面进行正确的引导。

大学生体育社团作为校园体育文化活动的重要组成部分，其影响力越来越大，越来越受到学生欢迎。调查表明，大学生的社团体育文化活动不仅可以丰富校园生活，还具有较好的教育宣传、示范作用，并且有利于促进大学生之间人际交往能力的提升。但是各院校的社团活动并未能满足广大学生的心理需求，举办多，但质量不高，同时存在活动形式单一化、活动场地紧张、管理松散、活动内容形式主义化等问题，使得各校体育社团文化活动又面临新的挑战。各高校的社团体育文化活动还应该在活动的内容、形式以及管理方式上创新发展，特别是使社团体育文化活动的针对性和吸引力有的放矢地得到提高，并能够在生态校园体育文化的建设中发挥更大的作用。

教师是校园体育文化的主导者。和谐的师生关系在生态校园文化建设中意义重大，师生关系的和谐必然有利于激发学生体育学习的积极性和良好体育道德品质的形成以及大学生身心健康的发展，最终有利于构建和谐校园文化。调查显示：不足20%的体育教师能够参与学生组织的活动，能够经常与学生互动的体育教师仅为10%，高校体育教师与学生生活方面的互动明显缺乏。

教师是校园体育文化的主导者，不仅在教学过程中奉行以人为本、健康第一、教书育人的理念，而且更应充分发挥校园体育文化的引领作用，进而构建和谐的生态校园体育文化。超过30%的体育教师并未认识到教师、学校与校园体育文化的关系。教师队伍整体对校园体育文化建设的认识程度尚有较大提升空间。

（三）关于生态校园体育精神文化

大学生的体育道德观念。接近 80% 的学生对学校的校训基本了解，而认为学校总体校风、教风和学风一般的达到了 60% 以上，这表明各院校在校风、教风和学风方面不适应大多数学生的发展需求，在生态校园文化的建设中这种问题不容小觑。只有将教师的主导性和大学生的主体性统一起来，才能调动师生参与生态校园体育文化建设的积极性，教风和学风好转了，良好的校风才能形成，师生在参与体育文化建设的过程中必然就会受到良好的熏陶和教育，这是相辅相成的。

大部分学生很重视自己的道德修养，努力提升自我。"侠义文化"在部分学生中存在，与生态校园文化极不和谐。这与对体育成绩的关注过多，而对品德关注不足有关，与体育教师往往言教多于身教更是不无关联，这为思想道德教育工作提出了完善的新课题。

90% 以上的大学生认为应该维护公平竞争的体育道德，接近 10% 的大学生认为是否吃亏是能否按规矩办事的标准，极个别的学生认为为获得各种利益，不择手段是对的。这些数据表明仍有部分学生的体育道德观不正确，这正是高等院校生态校园体育文化建设中需要正视的问题。

教师的体育道德观念。校风从价值观念上影响教师的成才和成长，这在一所学校的校训、校徽、教风、学风等方面都有表现。富有特色的校训能够激励学生奋发向上，而且可以对教师的言行起到规范作用。调查显示，接近 20% 的老师不太清楚本校校训，超过半数的老师认为学校校风一般。因此，各院校必须努力建设积极向上的校风，注重培育优良的教风和严谨的学风。

教师的职业认同感的确立和强化是教师专业化的体现。调查发现，体育教师具有较强的职业认同感，95% 以上的教师能认同教育教学的价值所在，可以体会到教书育人的成就感和意义，各高校 70% 以上的体育教师对自己的职业有比较清晰的规划。

部分院校学生的体育道德观念不强，而部分体育老师与大学生相比受到更为严重的社会不良风气的影响，在体育道德观念上和准则方面出现了一定幅度的偏移。80%以上的体育教师能够尊重学生的选择，但在引导学生理性地崇拜偶像方面尚需加强。

三、高等院校生态校园体育文化建设中存在的主要问题

（一）校园体育环境隐性文化存在不足

各高校都对硬件体育设施建设比较重视，大多数体育教师和学生对物质层面的显性物态环境建设态度肯定，相比较而言对隐性文化层面的关注度却明显不足。各高校在能够体现文化底蕴以及文化内涵的体育建筑定位等方面，对于师生在校园体育文化浸润的心理需求享受方面还无法真正满足，因此校园物态环境文化的内涵建设的提升是重中之重。

调查显示：和谐气氛在师生之间并不能经常见到，教师对学生在校园体育文化建设上的组织和引导也非常有限。学校在生态校园体育文化方面的感情投入较为不足。15%的教师不够热爱自己的教育对象，对学生的生活情况关照程度不足。同时，部分老师对校园体育文化的建设存在较大认识上的欠缺。

（二）校园体育文化活动内容、形式上均存在欠缺

各院校校园社团体育文化活动往往表现为表面的繁荣，内核不充实。多数院校对社团体育文化活动的重视只停留在口头上，经费投入不足；缺乏指导教师是常见现象，直接导致活动内容形式化、活动形式单一化、社团无管理，最终必然出现学生参与度不高等问题。

开放的世界导致文化的发展必然呈现相互借鉴、交流进而相互影响，最终共同繁荣发展的大局面。高校校园体育文化也应如此。但是，调查显示，各院校的体育文化发展中存在封闭性的问题，比较突出的是院系之间缺乏文化交流，尤其是联合办学模式的院校，各校区的体育文化建设表现为各自为政，各校园与社会环境之间也存在一定程度的隔阂，校园体育文化活动总体形式单一，各校、各院不同体育文化活动形式得不到很好的交流融合。

（三）校园体育文化价值取向偏失

校园文化价值取向是校园文化的核心内容。调查显示，文化建设在各高校发展规划中并未占到很重的地位，有重物质、轻精神的倾向。各院校的校风、教风、学风建设仍存在一定程度的问题，如部分院校的校规对某些专业的学生约束力不够，大学生自身的生态文明意识也不强，狭隘的"侠义文化"思想以及盲目的追星心态还较为普遍，健康的生态体育理念尚未确立。

体育道德是社会道德的重要组成，体育道德教育是不同于其他教育的生态校园文化建设中的特色内容，受到社会不良风气的影响，在师生体育道德观不强的情况下，体育道德准则出现偏移是必然的，这无疑会给各院校的体育道德教育一定的启示。

四、生态校园体育文化可持续发展的优化对策

（一）树立全员共建生态文化的意识

把生态校园体育文化建设纳入学校发展的总体规划中，并将其视为一项具有系统性和长期性的重要工作任务进行精心规划，在建设过程中培养一支生态校园体育文化建设的骨干队伍更是关键。生态校园体育文化在各高校实现其培养目标的过程中的重要作用决定着它一定不是靠某一部门就能实现的，良好的生态校园体育文化能让校园文化的参与者受益，树立全员共建生态文化的意识，才能科学合理地帮助各高校实现办学的教育目标。骨干队伍的组成可由校领导领头、请各学科专业教育管理方面的专

家进行指导、由大学生辅导员统一调配、学生干部具体实施，以在全校各院师生共同协作的整体模式构成下运作为宜。

（二）发掘和强化人文生态环境建设

绿色、科学、平衡而和谐的校园生态环境一定是指向全体师生的，最直接指向的是学生健全的人格和健康的心理。生态环境作为生态校园文化构成中最重要的组成部分，在建设过程中对自然生态环境的关注是必要的，发掘和加强人文环境的建设任重道远。此外，对于人文社会生态环境的营造也不容忽视。

如果说校园生态体育环境的创造表现的是全员的愿望，就必须在建设美好校园环境的同时，注重对人文社会生态因素影响的考虑。一个好的校园体育物质环境必然要使校园景致与文化达到高度契合，并充分考虑规划布局中基础设施与景观的和谐、艺术，拥有自身的格调和品位，才能使积极向上的校园精神得到显著提升。

学校教育中课程规划以外的如学校建筑、设备、文化环境、人际情境之中的不明显的隐性课程，更加重视对人的性格和人格方面的培养和陶冶。因此，从校园环境建设的另一个视角来看，校园文化环境中的隐性课程更应受到发掘和重视。

（三）校园体育精神文化建设是关键

优良的校园体育精神文化有利于浓厚的教育氛围的形成，是校园精神文化强大的力量和最根本的作用功能之所在。校风是校园精神的重要体现，直接决定着学校形象的优劣。优良的教风、优质学风和考风，以及良好的工作作风等，都是创设优质校园文化育人环境必不可少的内涵。

平等公正的氛围是校园生态体育精神文化建设的需要，其发展还需要自由、民主环境的呵护。只有师生员工的自由、民主观念增强了，才能从根本上改善人际关系，真诚合作的行为习惯以及人与人之间相互关心、相互理解、相互帮助的良好品德才能形成，才能真正地做到人与自然、人与人、人与社会的和谐共处。

在建设生态校园体育精神文化过程中，要重点强调的是努力拼搏、不屈不挠的体育精神力量，引导大学生积极进取，完善自我。公平公正的体育道德观念使得师生员工具有良好的体育价值观，抛除狭隘的"江湖侠义"，公平公正地看待万事万物。除此之外，对于体育教师的体育道德观还要重点强化，完善体育道德教育规章制度。体育教师是大学生的体育教育施教者，其道德观念对学生的体育道德水平具有直接影响，实施体育道德教育制度化有利于提高实际教育效果，更好地提升所有体育活动参与人员的道德水平。

被教育者的体育道德情感可以在体育活动、各种竞赛和体育表演中得到强化，结合体育实践感和情感体验，体育道德认识可以不断得到提升。来自体育明星的传奇事迹可以在发挥体育道德典型的表率作用方面对学生实现教育和提高其体育道德水平，对体育明星应塑造其正面形象，引导大学生理性崇拜。

参考文献

[1] 吴晓如，刘邦奇，袁婷婷. 新一代智慧课堂：概念、平台及体系架构 [J]. 中国电化教育，2019(3)：81-88.

[2] 雷雪芹. 论高校思想政治理论课智慧课堂教学模式的构建 [J]. 盐城师范学院学报 (人文社会科学版)，2019(6)：121-124.

[3] 戴静. "互联网 +" 时代高职院思政课智慧课堂实践探索——以蓝墨云班课为例 [J]. 林区教学，2019(12)：4-7.

[4] 尹文芬. 信息化背景下思政课智慧课堂构建的路径研究 [J]. 改革与开放，2019(14)：106-108.

[5] 刘大虎. 信息化智慧课堂教学模式在高职院校思政课教学中的应用研究 [J]. 深圳信息职业技术学院学报，2019(6)：34-37.

[6] 孙西朝. 应用型高校智慧教育的发展与思考 [J]. 邢台学院学报，2019，34(2)：166-168.

[7] 沈贵庆. 大数据分析在高校智慧教育中的应用研究 [J]. 现代电子技术，2019，42(4)：97-100.

[8] 张佳. 档案管理纳入高校智慧教育平台初探 [J]. 兰台世界，2019(5)：45-47.

[9] 赵屹. 数字时代的文件与档案管理 [M]. 北京：世界图书出版公司，2013.

[10] 刘越男. 建立新秩序——电子文件管理流程研究 [M]. 北京：中国人民大学出版社，2005.

[11] 杨现民. 信息时代智慧教育的内涵与特征 [J]. 中国电化教育，2014（1）：29-34.

[12] 葛琳琳，张威，李平，等. 高校党校数字化档案安全等级保护策略 [J]. 兰台世界，2015（11）：86-87.

[13] 刘桔，杨励忠. 论高校档案部门的功能拓展 [J]. 兰台世界，2015（2）：123-124.

[14] 廖玉玲. "越位" 之嫌引发的思考——兼谈信息化条件下基层档案室职能定位 [J]. 机电兵船档案，2014（4）：41-44.

[15] 祝智庭，贺斌. 智慧教育：教育信息化的新境界 [J]. 电化教育研究，2012（12）：5-13.

[16] 王朔 . "钱学森之问" 研究述评 [J]. 上海教育科研，2012（3）：31-34+15.

[17] 靖国平 . 从狭义智慧教育到广义智慧教育 [J]. 河北师范大学学报 (教育科学版)，2003（3）：48-53.

[18] 黄荣怀，杨俊锋，胡永斌 . 从数字学习环境到智慧学习环境——学习环境的变革与趋势 [J]. 开放教育研究，2012，18（1）：75-84.

[19] 余希进 . 高校档案的历史价值与文化传承 [J]. 卷宗，2017（26）.

[20] 闫羽中 . 基于大数据的市级智慧教育平台的设计与实现 [D]. 长春：吉林大学，2016.

[21] 宗平，朱洪波，黄刚，等 . 智慧校园设计方法的研究 [J]. 南京邮电大学学报 (自然科学版)，2010，30(4)：15-19+51.

[22] 黄荣怀，张进宝，胡永斌，等 . 智慧校园：数字校园发展的必然趋势 [J]. 开放教育研究，2012，18(4)：12-17.

[23] 吕倩 . 基于云计算及物联网构建智慧校园 [J]. 计算机科学，2011，38(S1)：18-21+40.